ビジネスマンのための

「解決力」養成講座

こうすれば、「打つ手」はすぐに見えてくる

経営コンサルタント
小宮一慶

はじめに

まず自分の問題解決力を試してみよう

いきなりですが、次の短いケースを読んで、どういう解決策を提示しますか？

自分の解決力を試すための予行演習です。数分で読めます。ちょっとしっかり読んで考えてください。

ケース❶

A社は、イタリアにある有名高級文具メーカーの日本法人です。五十年以上も日本でイタリア製の商品を販売し、日本でのブランドの認知度もかなりあります。

Ａ社の前社長は、もともとは商社マンでしたが、四年前にスカウトされて、Ａ社に社長として転籍し、在任の四年間に売上げは四億円から八億円に、利益も、それ以前は四千万円だったのを二割アップの四千八百万円へと大きく伸ばしました。

しかし、そのために、ディスカウントショップ、家電量販店などへと販路を拡大し、一方、従来八十％あった百貨店での販売比率は十五％まで低下しました。ブランドイメージも従来より落ちつつあります。また、以前は三十五％あった粗利率も二十三％まで下がっているのが現状です。

Ａ社は小さな会社で、社長のほかに東日本と西日本の担当の営業マンがそれぞれ二人ずつと、事務の女性が二人という陣容です。

営業マンには、売上高、利益に応じたボーナスが支給されており、基本給は前年の成績に応じた年俸制をとっています。このところの売上高、利益の伸びから、各営業マンのボーナスを含めた年収も四年前より、二十％程度上がっています。

さて、前社長は、売上高や利益に応じて得られる多額のボーナスをもらったあと、他社へ転身し、Ａ社は、新たに、あなたを社長としてスカウトしました。

営業マン、事務スタッフの陣容は、四年前と変わっていません。あなたは何を行うべきでしょうか？

ケースですから問題はシンプルにしてあります。おそらく、読者の方の大半がお勤めの会社より小さな規模だと思います。挙げた条件もかなりシンプルにしてあります。でも、もし、あなたが社長だったら？

実際に考えてみてください。どうしますか？

もし、あなたの答えが、「ブランドイメージを高めるために、百貨店での売上比率を高める」という答えだとしたら、あなたはこの本を読み進めたほうがよいでしょう。発想力はあるかもしれませんが、それだけでは残念ながら解決力の合格点は差し上げられません。

わたしなりの答えは、本文中に示します。そのときには、なぜ、先の答えが「正しく」ないかがお分かりになっていると思います（それが分かったときには、かなりのレベルアップをしているはずです）。

実は、当社の、ビジネスマンや経営者向けのセミナーなどでもこのケースをときどき使いますが、大多数の方の答えが、この「ブランドイメージを高めるために、百貨店での売上比率を高める」、あるいはこれに類する答えです。問題解決の方法を知らない場合にはしかたがないかもしれません。

「この答えのどこが違うのか」ですって？

答えをあせらないでください。

本文第三章でじっくり説明をします。この本のもっとも重要な部分のひとつです（でも、そこまで飛ばして先に読まないでください。解決力をつけていただくために、本書の構成どおりの順番で読んでいただくことが大切です）。

問題解決が仕事

わたしの仕事は問題解決です。経営コンサルタントとして、また、十数社の非常勤の役員として、お客さまである企業や経営者の問題を解決するのが、わたしのおもな仕事です。日々、「問題解決」の連続です。

たとえば今日一日でも、二つの会社の役員会に出てきました。アパレルの会社と人材派遣の会社。明日は、在宅介護の会社とソフトウエアの会社の役員会に出ます。

どの会社にも、もちろん問題があります。問題のない会社はありません。それは、わたし自身、アメリカの大学院でMBAを取得するときに学んだ数百のケースと類似点がある場合もありますが、もっと複雑なものも当然数多くあります。企業を取り巻く外部環境、あるいは、内部環境が種々さまざまに異なる、ある意味、生々しい問題です。

戦略的な問題としては、アメリカの会社を買収したいのだけれど、どうすればいいかとか、逆に、英国の子会社を売却したいので、うまく売ってくれないかといったものから、会社本体をM&Aしたほうがよいかどうかという相談もこれまで何度かありました。はては、まったく戦略的ではありませんが、オーナー社長と子飼いのナンバー2の役員との確執に関する相談まであります。このような問題は、社長も社内のだれにも相談できませんし、かといってそれほど付き合いのない人にも相談できない。だから、社内ではないけれども社内のことをある程度知っている社外役員やコンサルタントに相談することになるのでしょう。

さらに、ずいぶん前には、一週間後に必要な五億円が足りないのでいっしょに資金繰りの手当をしてほしい（これは銀行が貸してくれるのなら大した問題ではありませんが、そうでなかったからたいへん）とか、十年以上前には、倒産前日に社長といっしょに倒産についての対応策の検討をしたこともありました。

そのほか、投資ファンド（キャス・キャピタル）のパートナーもしていますから、そのファンドやファンドが買った会社へのアドバイスから、会社の存続に関わる意思決定にもたずさわっている一方、経営者の個人的相談にものっています。

もっと日常的なビジネスの相談も、もちろん、たくさんあります。

人材の獲得がうまくいかない、買収した海外子会社社員とのコミュニケーションがうまくいかない……。

わたしはもともと銀行員ですし、キャッシュフローや会計の本を書いたり、また、明治大学の会計大学院で管理会計や経営分析を教えていることもあって、企業財務やキャッシュフロー改善の相談も少なくありません。

もちろん、問題解決の主体は、その会社の人たちであり、最終的な決定を行うのは経営者ご自身ですが、わたしの出す結論や解決策が、顧問先企業とその企業の社員さんや家族など、何千人もの人の人生に影響を与える可能性もあります。

かなり重要な意思決定をしなくてはならないことも多く、そういうときには時間の制約のなかで、自分なりのベストを何度も考え直します。そのために、経営の現場での経験を積むとともに、ふだんから意思決定の訓練をしています。

もちろん、すべてを首尾よく解決できたわけではありません。それでも、みなさんの問題解決のお役に立てていただければと思い、この二十年余、ベストの上にもベストの意思決定をするために、自分なりに積み上げてきた「問題解決」のノウハウをお伝えすることにしたのです。

枠組みによって問題を分解する

ところで、いま、キャッシュフローということばが出てきましたが、キャッシュフロー改善というと、何をすればよいか分かりますか？

ここで、少し頭の体操も兼ねて、**「問題の分解」**をしてみましょう。思いつくままに考えてください。

もちろん、長期的には、利益の改善こそが、キャッシュフロー改善の根本的な解決策です。利益の改善のためには、売上げ改善と、コスト削減が必要です。

一方、短期的にはどうすればよいでしょうか？　それも確実に改善できる方法です。

ひとつは、在庫の削減。在庫はキャッシュです。在庫削減分だけキャッシュフローが確実によくなります。さらに、売掛サイト（売ったあと資金を回収するまでの期間）を短くする、買掛サイト（買ったあと資金を支払うまでの期間）を長くする、などがあります。

それ以外には、短期的とはいえない場合もありますが、投資の回収や資産の売却、はたまた、借入れや社債発行、あるいは増資によるファイナンスなどもあります。

以上のうち、どれくらい思いつきましたか？　少しむずかしかったでしょうか。

このキャッシュフロー改善の部分を読んで、財務諸表のひとつの「キャッシュフロー計算書」を思い浮かべた人は、かなりレベルの高い人です。ここで挙げた答えは、キャッシュフロー計算書の**枠組み（フレームワーク）**で**「分解して」**考えたものだからです。

つまり、「営業キャッシュフロー」、「投資キャッシュフロー」、「財務キャッシュフロー」の順番で挙げてみました。「はじめに」としては、少し高度だったかもしれませんが、**「枠組み」や「手法」を知っていれば、問題は解決しやすくなる、**ということをお知らせするために、挙げてみたのです。ですので、ここで分からなくても、もちろん、問題はありません。

問題解決には技術が必要

問題解決には技術が必要です。もう少し正確にいえば、問題解決のための「考え方」、つまり、論理的思考力が必要です。

問題解決のための論理的思考力を身につけることはそれほど容易ではありませんが、先ほどのキャッシュフローの例で見たように、**問題解決の「手法」や「フレームワーク」を補助的に使うことによって、その論理的思考力を導きやすくなる**ことも事実です。

「はさみ」を使うと、だれもがモノを切りやすくなるのと同じです。「手法」は道具なのです。

しかし、同じはさみを使っても、微細な紙細工をつくるような名人から幼稚園の子どもまでピンキリがあるように、手法を知っていても、それを使いこなすにはかなりの修練が必要です。さらに、どの「道具」を選ぶかのある種「ひらめき」に似たものと、くどいようですが、できるだけ精緻な論理的思考力が必要です。

ですから、本書では、

1　問題解決の手法やフレームワークを
それを使う事例を交えて紹介し、理解していただく

とともに、

2　論理的思考力を鍛える

ということに重点を置いています。

問題解決の手法やフレームワークは、「**慣れ**」で**使い方が上達します**（それと、それらを使おうとする、ある種ひらめきが必要ですが、そのひらめきもかなりの部分、ツールに対する慣れ（習熟）と経験から生まれます）。

論理的思考力のほうも訓練です。

あとにも出てきますが、わたしがよく使う三つのキーワード

「なぜ？」
「ほんとう？」
「それから？」

を日常の会議などでも繰り返し（これは、会議でのわたしのマジックワードです）、深い思考力を身につけてください。これも**訓練で必ず身につきます。**

実は、「何が問題か」を特定することが結構むずかしい

さて、いわゆる一般的な「問題解決」の本にあるのは、いま挙げた「問題解決の手法や

フレームワーク」の紹介です。こういう問題がある、それを解決するには、こういう手法、フレームワークがあります、というものです。つまり、そもそも「問題」が明らかになっていることが前提です。要するに、「問題」はすでに特定されていて、それをどうするかというお話。

けれども、現実には、問題を特定するのがむずかしい場合が少なくありません。

現実の「問題解決」でまず最初に重要なのは、「問題の特定」です。

第一章以降で詳しく説明しますが、「問題の特定」には二つのことが含まれます。

1　問題の「優先順位付け」

2　問題の「源」となっている問題（真の原因）の特定

ビジネスでは、常に、いくつかの好ましくない「現象」（「ＵＤＥ：Undesirable Effects」といいます。あとで説明します）が起こっています。ふつう、これを「問題」といいます。

しかし、何が根本的な「問題」なのかが分からない、ということはおうおうにしてあります。根本的な問題を解決しなければ、現象に対して右往左往するだけということにもなりかねません。

優先順位を付けることが第一ゲートだとすると、その問題のさらに奥にある根本的な問題（つまり、真の原因）を特定することが、第二ゲートです。

「解決策の策定」とその「実行」

問題の優先順位を決め、真の原因を特定するのが、第一、第二ゲートだとすれば、残りは、「解決策の策定」とその「実行」です。

解決策についても、先人によって定型化されたいくつもの方法論、フレームワークがたくさんあります。

「緊急度と重要度」の四象限もそうですし、『ビジネスマンのための「発見力」養成講座』（ディスカヴァー）でも触れたＰＰＭ（プロダクト・ポートフォリオ・マネジメント）もそう、ロジカルツリーもマインドマップもそうですし、『ビジネスマンのための「数字力」

養成講座』(同)や『「1秒!」で財務諸表を読む方法』(東洋経済新報社)で取り上げたROA、ROEなどの財務会計、管理会計の指標もそうです。

また、マーケティングの4Pだとかもそうだし、重回帰分析などの統計手法もそうです。いわゆる「ロジカルシンキング」も「ラテラルシンキング」も、基本的には問題解決の手法といえます。それぞれ一冊以上の本になってしまいますし、実際、それらの本もすでに無数に出ています。

でも、このことを逆に言えば、「問題解決」の手法を知ったからといって、実際の問題を解決できるとは限らない、知識があることと、それを使って問題を解決していくのはまた別のことだということです。経営でも同じです。経営の知識があることと、実際に経営ができる、つまり、利益を上げ、会社を成長させ、お客さまや従業員を幸福にしていくこととは、まったく別のことなのです。

多くの本や一部のコンサルタントは、解決のためのツールを示すだけか、よくやって解決策を示すにとどまり、あとは、みなさんでどうぞ、ということになりがちですが、実際のところ、もっとも困難で重要なのは、「実行」です。逆に、実行しない限り解決にはなりません。

これが学生の勉強やひとりで行う研究なら、解決策を示すだけでもよいかもしれませんが、ビジネスの「問題」というのは、人と組織の問題です。解決策の「実行」には、人を動かす知恵と知識と行動が不可欠です。

本書では、わたしが直面した問題をはじめ、国の問題など実際の問題もたくさん事例として出しています。わたしも読者のみなさんも**「現実の」**問題を解決できなければ、いくら問題解決手法を勉強しても意味がありません。少し長い事例も出てきますが、**現実問題を解決するのがほんとうの問題解決**だと思って、ついてきてください。

さあ、これから「解決力」養成講座のスタートです。

最初に、**問題の特定方法**について、

次に、**特定された問題の解決策**を、

最後に、**決定した解決策を実行していくための方法**を、

順を追って説明します。

さらに、ふだんの生活のなかでできる**「解決力」を磨いていくための小さな訓練法**も（いつものように！）ご紹介します。

この本を読み終えた九十分後には、問題解決の手法やフレームワークを利用でき、論理的思考力に裏打ちされたあなたの問題解決力は格段に向上しているはずです。

本書をお読みになり、現実の今そこにある「問題」を実際に「解決」することができた、というお声をいただくことを何よりの楽しみにしています。

小宮一慶

◉

目次

はじめに

第1章◉問題を特定し、優先順位を付ける

第2章◉「根本問題」を特定する

第7章◉問題解決を妨げるもの　解決力を高める習慣

第1章

問題を特定し、優先順位を付ける

「問題」を特定する

「はじめに」に書きましたように、「問題解決」で重要なのは、まず、解決すべき問題を特定することです。

では、あなたがいま問題だと感じていることにはどんなことがありますか？

日々の仕事、生活のなかの問題をちょっと立ち止まって挙げてみてください。

その気になってみると（人によっては、その気になってみなくても）、結構、ありますね。数限りなく出てくると思います。

で、まずここで大切なことは、企業でも人生でも、すべての問題を一度には解決できないということです。個人なら時間やお金、企業ならヒト、モノ、カネなど、いずれもかけられる資源には限界があるからです。となると、問題に優先順位を付けなければなりません。が、それがなかなかむずかしいのです。経営のプロでも、むずかしい。

というより、経営とはまさに、国際的な政治経済状況から社内の人間関係まで、社内外の**大小さまざまな現象のなかから、対応すべき問題を特定し、さらにその優先順位と資源**

の配分を決めていくことだといっても過言ではないでしょう。

いま、対応すべき「問題」は何か？

次の話は、実際に私が遭遇した話です（ずいぶん前の話ですが、顧客企業のプライバシー保護のため事実を少し修正してあります。が、問題の本質は変わりません）。

ある工業製品の製造をしている会社の定例戦略会議にうかがったときのことです。いつものメンバーのうち、二人の役員の顔がありません。社長に尋ねると、「ちょっと製品にクレームが出ていまして、その対応で別の会議室にいます」ということでした。小売店（チェーン店）に卸していた商品のひとつに、お客さまからクレームがあって、それが地方新聞に載ってしまったというのです。

驚いて詳しくお聞きすると、クレームを申し立てたお客さまが、たまたま対応したその小売店の店員の対応が悪かったのか、不審感を募らせて、新聞社に訴えてしまい、それがその朝、記事として載ってしまった。そこで、お店（チェーン店を含む）があわてて、その商品の回収を始めてしまい、すると今度は、その回収情報をテレビ局が聞きつけて取材を申し込んできているという状況でした。

それを聞いて社長に「危機対応をしたほうがよいと思う」と申し上げると、わたしが遠方から来ての会議なのでと遠慮をしていた社長も、すぐに同意してくださいました。

定例の会議は、長期的にいかにして業績を上げていくかという、いわば勉強会のようなものです。かたや、クレームのほうは、下手をしたら、地方のテレビ局どころかNHKや全国紙に流れてしまうかもしれません。

ほんとうに危害のある商品なら当然としても、あとにも先にも不具合が確認されたのは、たまたまそのお客さまが持ち込んだものだけで、お客さまの勘違いかクレーマーである可能性も非常に高かった。だからといって、いったん疑惑の商品としてチェーン店からの回収の様子がマスコミに大々的に流れてしまったら、ほかのすべての取引先が全商品の回収を始めてしまうかもしれませんし、取引停止を宣言してくるところも出てくるでしょう。

あとで問題はなかったなどという訂正報道が入ったとしても（マスコミ、特にテレビはまずそれをしませんが）、会社にとっては大ダメージで、いったん失われたお客さまからの信頼を取り戻すには、とほうもない時間とお金が必要となります。いかにして業績を上げていくかなどと言っているどころではありません。

実際、別のお客さまで過去に、販売用の水に「カビ」が混入しているとテレビで報道され、結局、そのカビはまったく無害であるということが数日後に保健所で認定されたにもかかわらず、その水事業全体を断念せざるを得なくなったというたいへん残念な事例がありました（もちろん、テレビ局は謝罪も訂正もしません。こういう苦い過去の経験も持っていたので、今回の事例でも慎重にならざるを得ませんでした）。

ともかく、定例会議をキャンセルし、みなで、二人の役員さんがマスコミ対応をしている部屋へ行ってみると、案の定、たいへんなパニックになっていて、すでに、地方のテレビ局、ＮＨＫの地方局、それに全国紙からも取材の申し込みがきていて、ひとつ対応を間違えると、二時間後くらいのお昼のニュースで流れてしまいかねない状況でした（わたしもときどきテレビに出ているので、広報担当者から聞いたテレビ局の口ぶりからそうと判断せざるを得ない状況でした）。

詳しいことは申し上げられませんが、急きょ、その場で「危機対応」が始まりました。

そのとき考えうる最良の優先順位で、考えうるすべての手を尽くし、事実情報の収集と必要最低限の（これがまた結構むずかしい）情報のマスコミへの提供で（放送時間に間に合わなくなるまでなんとか粘って）、対応を行いました。

もちろん、商品にはなんの問題もなかったのですが、対応が一歩遅れると、さらに問題が大きくなることがあります。また、その危機対応の限られた時間のなかで、何を優先して行うのかのハンドリングと資源の配分をひとつ間違うと、テレビや全国紙に流されるなどして、それまでの対応が一切パーになってしまうことにもなりかねません。

「事実」を「事実」として確認する

結果として、テレビに放映されることも、全国紙に載ることもなく、のちに商品に欠陥のないことも証明され、小売店へも従来どおり出荷されることになりましたが、このケースには、現実の「問題解決」にとって必要ないくつかのポイントが含まれますので、それをこれからお話ししましょう。

そのひとつは、

起きた現象について、正確に「事実」を確認することです。

たとえば、「お客さまから〝商品に欠陥がある〟というクレームがあった」ということのうち、事実は「お客さまからクレームがあった」ということだけです。このとき、お客さまのバックグラウンドや、クレーム内容、お店の対応などの詳しい経緯や現状を知る必要があります。

そして、もうひとつ、万一、ほんとうに欠陥があるのかどうか（こちらは、もちろんないことを確信していますが）、その事実を再度確認する必要があります。

けれども、時間的に、その調査結果が出るのを待っていられない場合もあります（ほとんどの場合がそうです）。だとしたら、**事実として分かっていることだけを**マスコミに伝えます。

こちらは欠陥がないと確信していても、再度客観的に証明されるまでは、百パーセント確かとは言えません。百パーセント確かどうかが分からないことを、こちらの都合のよいように解釈することは絶対にしてはいけないことです。あとでそうでなかった場合に、猛バッシングにあうからです。しかし、だからといって、事実でないことまでも伝える必要はありません。

このケースの場合、管轄の官庁が、地方新聞に載ったあとの早い段階で、商品の欠陥の可能性は低いという「感想」を漏らしていたので、これまでの経緯と官庁の感想を、問い合わせが来ているマスコミとその地方のすべての取引店に文書にして流しました。

もちろん、所轄官庁の話はあくまでも「感想」として流しました。「当局はいま、こんなふうに思っているようです」と。

自分たち自身の感想はいけない、嘘はいけない、誇張もいけない。事実を事実として、誇張もせず、かといって過小化もせず、的確に伝える。すべての取引店に情報を流したのは、言うまでもなく、万一テレビなどで報道された場合に、それが事前に知らされていなければ、会社に対して不信感が起こる可能性があるからです。

この対応が、結果としてよかったのですが、こうした特殊な状況に限らず、**「事実」をありのままに的確にとらえ、対応の優先順位を決めていくことは、問題解決の第一歩です。**

危機管理の状況では、時々刻々と変わっていく状況を把握しながら、その時々の「**ダウ**

ンサイドリスク（最大限被るであろう損失）」（あとでもう少し詳しく説明します）を把握し、それを最小限に抑える方法を考えながら、かつ、落としどころを見極めて、対策を次々と講じていく必要があります。限られた時間と資源のなかで、みなの知恵を集めて論理的思考力をフル回転させるのです。

また、対策がうまくいかない場合も想定し、その場合の次善の策（二の矢）も考えておかなければなりません。

優先順位は、時間と状況によって刻々と変わる

このように、現実の問題解決では、時間が大きな制約条件となりますが、この「時間」、問題解決にとって、**敵になる場合と、味方になる場合がある**のをご存じですか？

つまり、時間がたてばたつほど、状況が不利になる問題もあれば、逆に、時間がたてばたつほど有利になる問題もある。さらに、やっかいなことに、それが刻々と変化することもあります。何時何分までは味方で、何時何分になったら敵になる。その状況判断を間違わないようにしなければなりません。

いまのケースでは、会社側の情報公開までに要する時間が遅くなればなるほど、マスコミは苛立ちますから、不利な情報を流される可能性も高くなり、状況が不利になるという点では、時間は敵です。しかし、一方、テレビの放送まで時間を引き延ばせれば、それ以降は放送がありませんから、時間は味方です。

では、どのようにしたのか？

まず、すべてのマスコミに、必要最低限の情報を、状況の進展がある都度、適時流していく。これで、マスコミの苛立ちはかなり収まります。会社からどんどん情報が来るからです。「敵」となるべき時間をこれでコントロールするのです。

しかし一方、テレビで放送されたら元も子もありませんから、テレビ放送のある時間までは、テレビ局側が「商品に欠陥あり」と確信を持てるような情報は一切流さない、もっと言えば、「ほかに欠陥があったという報告事例は一切ない（これは事実）」といった内容の情報を、ほかの進展情報といっしょに逐次流し続けるということをやったのです。

今回のケースのように、「定例会議」と「危機対応」の優先順位、さらに、危機対応のなかでの優先順位付けなど、あとから見れば当然のことのように思えるかもしれないことでも、当事者としてその現場にいると、いま何がもっとも優先されるべきかの判断がなかなかできないことは珍しくありません（もし、そうでなかったら、これほど多くの不祥事やリコールを伴うような事故でのまずい対応、あるいは、もっと長期的には、新しいテクノロジーや消費者の変化に対応できずに、つい数年前まで業界の寵児と騒がれた会社や業種が衰退したり倒産したりしていくようなことは起こらないですむはずでしょう？）。

つまり、「問題解決」では、その前提として、

多くの問題のなかから、何を問題とするのか？
その問題のなかでも、さらに何に対する対応を優先させるかの優先順位を付ける

ことが非常に重要です。この優先順位を間違えると、解決しようもない大きな問題になってしまう可能性もあります。

いま、何をいちばんに優先すべきか？

それでは、いますぐ解決すべき問題を特定することについて、だれでも知っていることを題材に、優先順位付けの練習をしていきましょう。

少し前、中国の天洋食品の毒入り餃子の問題が、それこそ日本中を揺るがしました（この原稿を書いている二〇〇八年五月末現在も中国政府からのきちんとした対応はなく、問題は解決していません）。

事件の発端は、千葉県で、冷凍餃子を食べた人たちが腹痛を起こして複数入院する騒ぎになり、そのうち小さな子どもは一時期、生命も危ぶまれたほどでした。調べると、同じような症状が全国で発生していることが分かりました。

つまり、ここで明らかになった「現象」は、冷凍餃子を食べた人たちが食中毒を起こしている、ということです。これは明らかに「問題」ですが、では、この段階で、「解決すべき問題」は何かというと……何ですか？

あなたなら、まず、何から手をつけますか？

そうですね。この段階でまず解決すべき問題とは、「被害の拡大」です。被害の拡大を防ぐこと、そのための解決策をとることが何をさておいても重要です。

ですから、そのときは、政府もマスコミも、まず、こういうことが起こっていますと、全国の国民に知ってもらうことを第一優先順位として、大々的に報道しました。

もちろん、その過程で、全国で食中毒を起こしている人たちが食べた餃子がみな、中国の天洋食品という工場で製造され、一定期間内に出荷されたＪＴフーズ社のものであることが分かり、各テレビ局、新聞社とも、餃子以外にも、天洋食品で製造されている各メーカー全商品をカラーで載せて警告するとともに、全国の小売店は一斉に商品の回収を始めました。

で、ある程度それが収まったら、次の段階に移ります。つまり、これ以上被害が拡大しないということが確認されたら、解決すべき次の問題が浮上してきます。

何だか、分かりますか?

原因の特定? いや、それは、「問題」ではなくて、解決策のひとつです。

答えは、小売店やほかの冷凍食品製造メーカーなど、本来関係のない人たちの経済活動における「被害」です。

小売店は売上げシェアの少なくなかったJTフーズの冷凍食品を売ることができなくなったわけですし、それ以外の冷凍食品、さらには、中国産食品全体の売上げも大きく減少しましたから、ほかの冷凍食品メーカーも、大きな打撃を受けています。

実際、わたしのお客さまの冷凍食品に関係する会社も、今回の事件になんら直接関係がないのに、売上げ減少、ひいては生産縮小という大きな被害を受けてしまいました。そのほか、中華料理店も困っています。わたしの自宅の近所の中華料理店も事件の直後は閑古鳥が鳴いていましたし、横浜の中華街の客足が落ちたという話も聞きました。

もちろん、それらの問題は、一時的なものとして、いずれ解決していくでしょうが、しかし、のんびりしていては経済的被害が大きくなるだけです。早くその被害の拡大を止めなければいけない。そのためには、原因の特定が大切になってきます。

原因の特定は、被害の拡大という「問題」を解決するための「解決策」のひとつです（「ひとつ」と書いたのは、ほかに、政府が「安全認定証」などを出すという方法も考えられるからです。さらに、この時点になれば、大々的に騒ぎ立てたマスコミは、今度は冷静に事実を報道すべきです。騒げば騒ぐだけ、小売店やほかのメーカー、中華料理店の二次的被害が増えますから）。

こうして、毒入り餃子事件についての優先順位は、まず、

1　直接的な被害者を救う、

2　被害者の拡大を未然に防ぎ、

3　（原因を特定するなどして）間接的な被害者である業者の人たちの経済活動を救う、さらには、

4　以後、同様のことが起こらないよう、外交も含む各方面からの方策を考え、実行していく、

ことになります。

「問題」を「問題」として把握しなければ、解決策も始まらない！

さて、いまは、餃子事件を例にとりましたが、どういう場合でも、何か問題が起きたら、

1　いま解決しないといけない問題

2　その次に解決しないといけない問題

というように、**その問題の重要性と解決の緊急性を時間軸で考えて、順に、問題を特定していく**ことが重要です。

ところが、問題が発生していても、それを把握できない人というのがいます。

たとえば、クレームが寄せられているのに、クレームだと考えなくて、放置したり、クレームの重要性を認識せず、まあ二、三日放っておけばいいかとか、気づかれなければいいかとか。

先ほどの毒入り餃子事件の例でも、講演などで、最初にすべきことは何ですか？　と聞くと、答えられない（分かっていても自信がなくておっしゃらないだけかもしれませんが）方がときどきいます。あるいは、「原因の究明」と答える方もいますが、これではちょっ

と心配ですね。それは、火事で、なかで子どもが焼死しそうになっているのに、まず、出火の原因を調べてみようと言っているようなものです。

あなたが答えられたとしても、同じ質問を会社の周りの人に尋ねてみたほうがいいでしょう。ひとりでも、「被害の拡大を防ぐ」ではなく、「原因を調べてみます」と答える人がいたら、アウト！　危機対応するときに、もしその人しかいなかったら会社はたいへんなことになります。このような危機対応の場合は特に、時間は完全に敵ですから、問題の優先順位の認識を誤ったらほんとうにたいへんなことになります。

世の中を見渡してみても、少子高齢化問題があれば、財政赤字の問題もあり、いじめや学力低下の問題もある。年金問題もあれば外交問題もあります。政府や国会議員は十分分かっているはずです。でも分かってはいても、限られた資源をどこに使えばよいかとなると、既得権益を守ることなどによる「バイアス」がかかる。それでは、「問題」の優先順位を読み違えます。会社も個人も同様です。

しつこいようですが、問題解決には、まず問題の特定が必要であり、それは、現実の世界では、結構むずかしいことなのです。ここで見たような餃子事件など、他人事だと考えずに「自分が責任者ならどうするか」と、自分なりの優先順位付けや対応策を考えてみる習慣を持つことです。そういうことを常にやっていれば問題解決能力が上がり、自分に直接関係ある問題が起こったときにも対応できます。

あなたにとっての「好ましくない現象」＝「問題」は？

ということで、あなた自身の解決力を高めるには、まず、問題を問題として把握することが大前提ですが、それでは、どうすればいいか？

まずは、実際に、あなた自身やあなたの好ましくない「現象」を書き出してみることをお勧めします。それが、あなたが認識している「問題」なのです。

簡単です。実際にやってみましょう。少し小さめのポストイットを用意してください。そして、それに、自分の身の周りにある「現象」のなかで好ましくないと思うことをひとつずつ書いていきましょう。会社に関すること、自分自身の人生に関すること、どちらでもかまいません。

ポストイットがすぐ手元になければ、この本の余白にでも書いてください。実際に書かなくてはダメです。解決力を高める訓練ですから（ただ、できれば、ポストイットに書いたほうが、あとのことがやりやすいです）。

思いつく、好ましくないと自分で感じている「現象」なら、何でもいい。忙しいというのでもいいし、子どもと話す時間がない、旅行に行く暇がない、でもいい。異性と知り合う機会がないとか、通勤が苦痛だとか、上司との関係がうまくいっていない、部下が言うことを聞いてくれない、いろいろあるはずです。ともかく、書き出していってください。十個ぐらいは簡単に出てきますよね？

そして、ここで書いていただいたものは、あとで使いますので、とっておいてください！

頭の中に、緊急度と重要度のマトリクスを持つ

さて、問題を問題として把握したら、次に重要なのは、それに優先順位を付けることです。いくら問題として認識しているといっても、それに対する優先順位が低いとしたら、それは解決するつもりはないと宣言しているのと同じことです。つまり、優先順位を付けてはじめて、その問題は、「問題解決」の俎上にのぼるわけです。

では、数ある問題のうち、何にいますぐ手をつけるべきか？

現実には、この優先順位の付け方の誤り、もしくは、そもそも優先順位付けをしないことから、やっかいで大きな問題を生じさせていることが少なくありませんから、実は、これは、「問題解決」のプロセスのなかでも、かなり重要な部分です。


さて、問題を時間軸でとらえ、優先順位を決める、というと、一般的にすぐ思い浮かぶのが、**「緊急度と重要度の四象限のマトリクス」**でしょう。

次のページの図のように、縦軸に緊急度、横軸に重要度をとります。そして、上が高い、右が高いとします。で、四つの象限をひとつずつ見ていきます。

まず、右上の、緊急度も高く重要度も高い事柄。たとえば、自社製品に毒物が混入されたとか、すごく大きなクレームが起きているとか。いうまでもなく、この部分が優先順位のいちばんです。まず、この部分から対応していかないといけません。

次に、左上の、緊急度は高いけれども重要度はそれほど高くない事柄。今日中にハンコを押しておかないと銀行からお金を下ろせないと経理の人が言っています（小さな会社には、よくそういうこともありますね）とか、今日中に送金しないとコンサートの席がとり

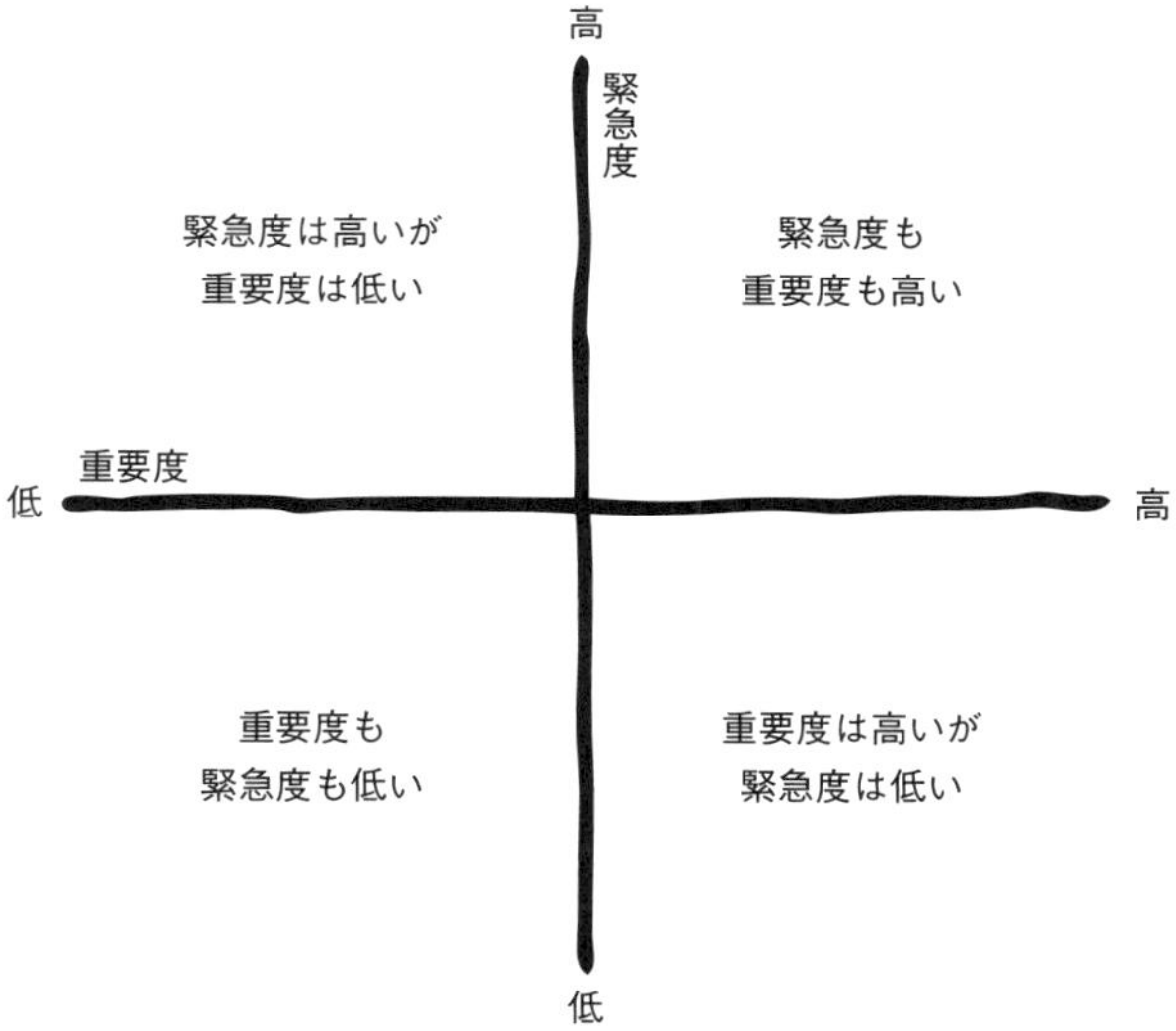
高
緊急度
緊急度は高いが
重要度は低い
緊急度も
重要度も高い
重要度
低
高
重要度も
緊急度も低い
重要度は高いが
緊急度は低い
低

消されるとか、細かいことでもすぐやっておかねばならないことがあるものです。たしかに緊急な事柄で、ある意味重要ではありますが、先に挙げた危機対応などに比べれば、「問題」としての重要度は低い。でもすぐやる必要があります。

それから、重要度は高いけれども緊急度はそれほど高くない問題があります。これがマトリクスの右下。たとえば、一週間後に、重要な取引先にとても大切なプレゼンテーションをしないといけないというような場合です。たしかに非常に大事なプレゼンではあるけれども一週間後ですから、今日中に対応しなければならないわけではありません。ただ、プレゼンが近づけば近づくほど、緊急度が上がって、右上の象限に移動していきます。

四つめの左下の象限は、緊急度も高くないし重要度もそれほど高くない事柄です。一か月後の社員旅行でのアトラクションを何にするかを決めるとか、明日の友人との会食を寿司にするかイタリアンにするか（なかには、これが非常に重要度が高いと思っている人もいるかもしれませんが！）など。

重要度、緊急度を決めるには、基準が必要

さて、一般には、この重要度と緊急度のマトリクスに解決すべき問題を割り振っていくことになり、事実、いろいろな本にもそう書いてありますが、実はこれ、言うは易しで、実際にやってみようと思うと、そう簡単にはいきません。なかなかさっとは振り分けられない。試しに、四十七ページの図に、先ほどポストイットに書き出してみた、あなた自身の問題、好ましくない現象を割り振ってみてください。どうですか？

さっときれいに貼れますか？

会社の研修などで、「会社のなかの問題を十個ずつ書き出しましょう」とみんなに言って、「このマトリクスに貼ってみてください」と言ってみてもいいでしょう。みんな、うまくは貼れないものです。

つまり、危機対応がうまくできるということ、あるいは、起こっている好ましくない現象のなかで手を打つべき重要な問題をさっと指摘できるというのは、要するに、**この緊急度と重要度のマトリクスが自分の頭のなかに入っている**ということなのです。

これがほんとうにいちばん緊急度が高くて重要度も高い問題だと、チカッと頭のなかでひらめかないと危機対応はできません。

また、緊急ではないがきわめて重要な問題についても、日頃から計画的に準備し戦略を立てていないと、いきなり緊急かつ重要なことになってしまって、常に対処療法に追われてしまうことになります。

で、ダメな人というのは、そもそも重要度も緊急度も感じないから、のんびりしているわけです。ふだんの会議のなかでの発言を聞いていても、それは分かります（感性というか、感度の問題かなと思ってしまったりします）。

なぜ、重要度、緊急度を決められないか、あるいは、重要だ、緊急だと感じないかというと、実は、**基準がない**からです。

たとえば、企業なら、収益に与えるインパクトが大きいとか、お客さまに与える影響が大きいといったことを基準とすると、重要度を決めやすい。自分のことなら、家族に対する影響を第一の基準にする人もいるでしょうし、お金が重要なら金銭的な影響を、あるいは、名誉や知名度などを基準とする人もいるでしょう。

実はだれでも、基準は持っているのです。**意識していなくとも、自分なりの基準を持って決めているものです。**ただ、そのことがしっかりと認識できていないと、実際の問題解決の場で、重要度や緊急度の決定に活かせません。

したがって、個別の問題の重要度と緊急度を決定するのに必要なのは、まず、その**判断の基準を確認することです。多くの場合、その基準は価値観がベースになっています。**

会社の場合は、リーダーがその判断基準を明示することです。そうすれば、重要度や緊急度を部下は決めやすくなりますし、それを繰り返しているうちに、社員の一人ひとりが、自社の優先順位、もっと言えば、価値基準を理解していくようになります。

論理的思考力を高める

わたしがなぜ優先順位にこだわるのかというと、わたしは、先に書いたように、十五社の顧問先企業で、非常勤の役員や顧問として総合的にお客さまの問題に関わっています。ほかに単発的にも企業の戦略立案などを結構たくさん行ってきています。そのなかで、多くの問題、課題のなかから、どれを優先順位を高くして解決していくかが、資源が限られたなかで、よりよい選択をしていくうえで、非常に重要なことだと強く実感しているからです。
実際、**優先順位を決めること自体が戦略の根幹をなす**ことも少なくありません。けれども、というか、だからこそ、これを決めることは実際のところ、口で言うほど簡単なことではないのです。

では、どうしたら、優先順位を決める能力を高めることができるのか？
それには、いま説明したように、まず「基準」を持つことです。さらに、本書を読み進めることです（！）。それによって、優先順位付けの能力も高まります。

実は逆説的なようでもありますが、
問題解決ができるようになれば、優先順位付けもできやすくなるからです。
なぜって？
それは、**どちらも、「論理的思考力」の問題だからです**（論理的思考力を高める方法については後の章の解決策を考えるところで詳しく説明します）。

実は重要な「問題の芽」

さて、次に進みましょう。

優先順位付けはむずかしくて奥が深い。とはいえ、たとえばもうすぐマスコミが騒ぎ出すなど、ほんとうに重要で緊急なことに関してはたいていの人は分かるものです。実は、**もっともむずかしいのは、左下の四つ目の象限。緊急度も重要度も低い事柄です。**

多くの時間管理の本には、ここの仕事をできるだけアウトソーシングしたりして、なくすことが大事などと書かれています。ところが、ときに、ここの象限にこそ、重要な「問題の芽」が潜んでいることがよくあるのにお気づきですか？　だから、大問題が突発的に起こるのです。

つまり、いまは緊急度・重要度ともに低いが放置するとどちらも高くなる問題で、重要な「問題の芽」は、だいたいいつもここにあります。重要度も緊急度もそれほど高くなかったところから、**一気に右上の、重要度・緊急度ともに高いところに飛んでいってしまう**のです。

現実の「問題解決」では、この「問題の芽」をいかにすばやく摘めるかが重要になって

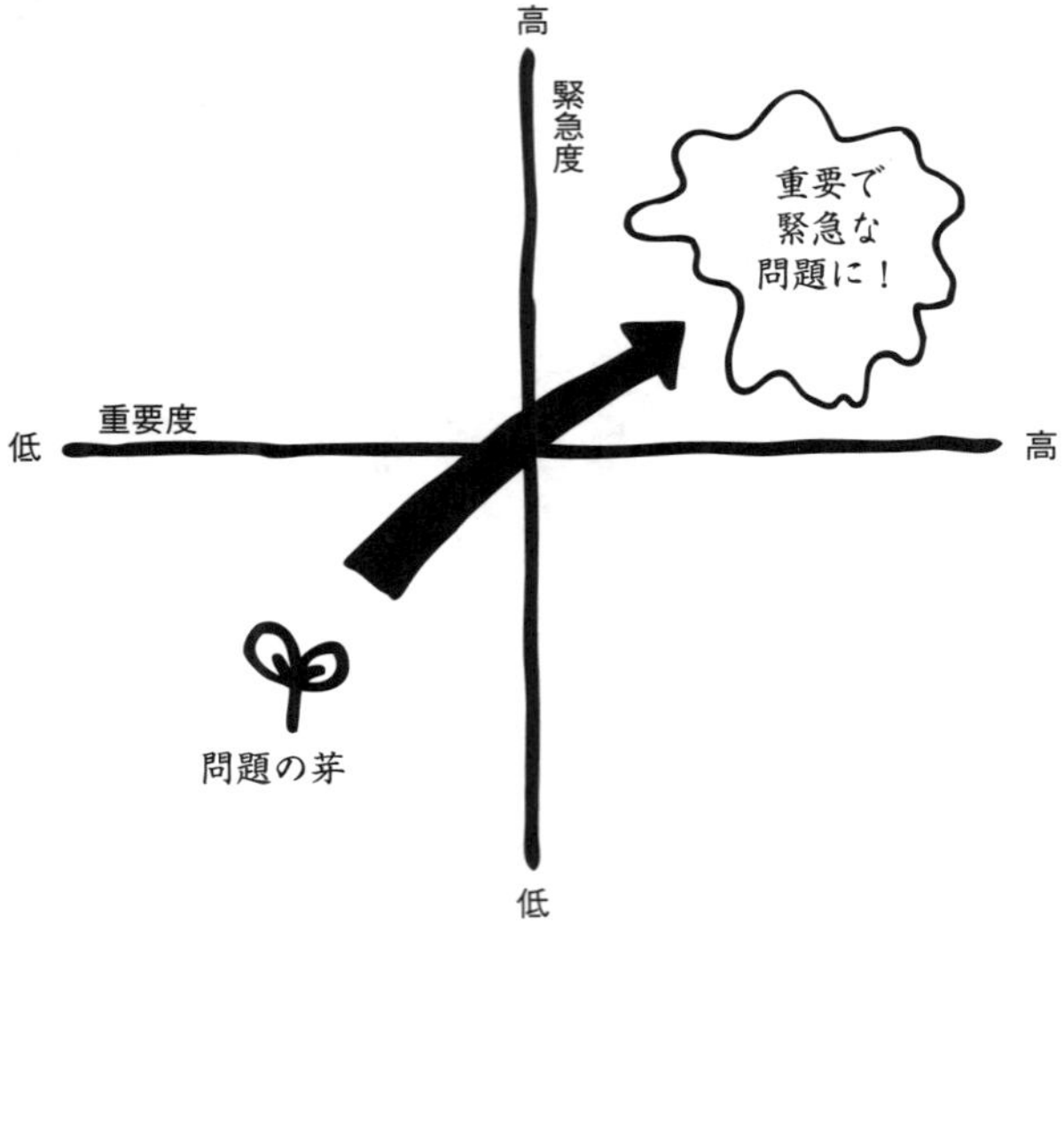
高
緊急度
重要で
緊急な
問題に！
低
重要度
高
問題の芽
低

きます。

たとえば、夜、ちょっとゾクゾクっとする、風邪のひき始めみたいな症状のときがありますね。そういうときにきちんと対応して、葛根湯でも飲み、暖かくして早く寝れば、たいていは、そのまま事なきを得ます。ところが、「まぁこれくらいならだいじょうぶだから、もう少し夜更かししようか」などと無理をすると、翌朝目を覚ましたら三十八度、仕事に出られなくなってしまう。さらに、それをきっかけに肺炎とかもっとすごい病気に進んでしまうことだってあるかもしれません。そのときになって、「あのとき、ああすればよかった」と思ってももう遅い。

つまり、重要でも緊急でもなかった「ちょっとゾクゾク」が、いきなり、緊急で重要な、ただちに解決すべき問題となってしまうわけです。

同じように、仕事にも人生にも、芽のうちに摘んでおくべき問題というものがあります。芽のうちに摘んでおいたことは忘れてしまうかもしれませんが、放置して、あとで重大な問題になったものについては、「あのとき、きちんと対応すればよかったな」と思う。そういうことがたくさんあります。

たとえば、些細なクレームと思っていたものを放置する、社員の様子が少しおかしい、挨拶の仕方に心なしか気持ちが入っていないように感じる、「お客さま」という言葉遣いをしない社員が増えてきている、といったようなことです。

一つひとつは、重要度も緊急度も低い、小さなことかもしれない。でも、放置すると、いずれ、大クレームとなってマスコミをにぎわす、社員が会社の批判を始める、毎月の売上げゴールが達成されなくなる、あるいは、お客さまとの大きなトラブルを起こす。さらに、それがネットを通じてマスコミに流される、といった事態にまで発展してしまうこともあるかもしれません。これが、**「問題の芽」**です。

最強の「問題解決」とは！

将来何倍にも拡大しそうな問題の芽は、できるだけ小さいうちに摘んでおかねばなりません。病気もそうですけれど、家族との関係、恋人との関係もそうでしょう。同僚や部下、上司、お取引先との関係、お客さまからのクレームへの対応、社内の環境整備の悪化なども同じです。

そうしたことを**小さい芽のうちに摘んでおく**こと。それが、ビジネスにおいても、人生においても大切で、そうすれば、そもそも「問題解決」なんてしなくてていい！

最高の「問題解決」とは、そもそも解決すべき「問題」を少なくすること。もっとよいのは「問題」のない状態にしておくこと。

だとわたしは思っています。小さな「芽」のうちに問題を摘み取ってしまいましょう。

でも、ここで、疑問が出てきますね。日々の小さなことにいちいち対応しているわけにはいかない。そもそも、**放置すると大きな問題になってしまう現象と、無視していい現象をどう区別したらいいのか？**

たとえば、ちょっと態度の悪い社員がいる、気のせいかな、注意しようかな、どうしようかなと迷っているうちに、いつのまにか社内の抵抗勢力の中心となっている、ということもあれば、自然に、元に戻っていることもあります。

それが、先にも書いた、**時間は敵なのか、味方なのか？** 言い方を替えれば、**時間は毒なのか、薬なのか？** ということです。

時間をかければ、自然に消えてしまう、あるいはよくなる、ということもあれば、悪くなることもある。どちらなのかの判断が問われるわけです。

すぐれた経営者やリーダーというのは、大胆なようでいて、反面、実に細かい。人でも事象でも、ほかの社員が気づかないような細かなことによく気がつくものです。これは、こうした問題の芽を、細かい芽のうちに把握する感度が高いからであり、個々の事象について、時間が味方になるか敵になるかの判断力に優れているからです。逆に言えば、そうした感度の高い人が、すぐれたリーダーとなれるのでしょう。

でも、もし、その「感度」に自信がなかったら……そうですね、もし、気がついたとしたら、その時点で、すべて対応しておくほうがよいでしょう。とにかく最初のうちは、この点については、ちょっと過敏すぎるぐらいでちょうどいいのではないかというのが、これまでの経験からのわたしの実感です。先にも書きましたように、最強の「問題解決力」とは、「問題解決」をしなくてすむ状態にしておくことですから。

というわけで、まとめますと、次のようになります。

緊急度も重要度も低い事柄のなかに、放置すると、一気に緊急度も重要度も高くなってしまう「問題の芽」が潜んでいることが多い。この「問題の芽」をいかに早く摘むかが、問題解決の重要なポイントのひとつである。

ダウンサイドリスクを測る

種々の細かな現象のうち、いったい何が、放置すべきではない「問題の芽」であり、何が、放置すればいずれ時間が解決してくれる現象なのか？　それは、どこで見分けたらいいのか？　それ以外にも、数多くある思わしくない現象の重要度と緊急度を、いったいどうやって測ればいいのか？

この点について、もうひとつ、お役に立てそうな考え方をご紹介します。

それは、先にも触れた、「**ダウンサイドリスク**」の概念です。

これは、ビジネスでとても重要な概念で、**失敗したとき被る最大限のリスク、損害**のことです。このダウンサイドリスクが大きくなるものほど重要度が高まります。

さらに、**対応が遅くなればなるほど、このダウンサイドリスクがどんどん大きくなっていくものは、緊急度も高まります。**

たとえば、ある社員の態度がおかしい、ということに気づいた場合、その社員のほかの社員に対する影響力や担当する仕事の内容によって、ダウンサイドリスクの評価も変わってきます（少なくとも、買ったばかりの最新型のコピー機の調子が悪いといったことと比べたら、ダウンサイドリスクは桁違いに大きくなるはずですね）。

このように、ある思わしくない現象に気づいたら、常に、もし、それが最悪の状況につながっていったら、どれだけの損害があるのかを考え、ダウンサイドリスクを推測します。これが問題の優先順位、つまり、重要度、緊急度を決める大きな要因になるのです。

言い方を替えれば、

小さなことでもダウンサイドリスクを常に考えておくような習慣を持てば、問題の優先順位付けの能力は高まります。

まず手はじめに、先ほどポストイットに書いて、重要度と緊急度のマトリクスに貼りつけた、あなたの「問題」の一つひとつに、ダウンサイドリスクを書き加えてみてください。放置すると最大でどれくらいのリスクを引き起こすかです。そして、よく見てください。

いま貼ってある象限は適切ですか？
もし、おかしいと思ったら、貼り直してください。今度は、どうですか？

会社でしたら、会社の問題について若い人も交えて、チームでこれをやってみると、それぞれの問題に対するとらえ方が向上すると思います。
問題解決に素人とプロがあるとしたら、プロというのは、まず、緊急度と重要度がちゃんと分かる人です。そして、それを決めるのは、ダウンサイドリスクの正確な把握です。

的確な判断ができる、というのは、
ダウンサイドリスクの的確な見積もりができる、ということです。

新しい「問題」の突発でも、優先順位は変化する

ところで、チベットで暴動が起きて、それを中国が武力制圧しているニュースを見たとき、わたしは、とっさに「ああ、これで、毒入り餃子問題の解決は早まるだろうな」と思いました。

なぜかというと、中国政府の緊急度と重要度のマトリクスにおいて、その時点でもっとも重要なのは八月の北京オリンピックをいかに無事に開催し終わらせるかということです。ところが、ニュースを見ると、世界中で中国大使館に対し抗議デモが行われ、聖火リレーは、前代未聞のものとなりました。毒入り餃子の問題も、中国国内の食の安全性ということで、オリンピックに影響が出るわけですが、今回のチベット問題に比べれば小さな問題です。ならば、ここで、日本国政府や日本人の反感をこれ以上買っておくのは得策ではないと中国側が判断して、やはり日本の言うとおり毒が混入したのは中国においてでしたと、そう認めて早急にけりをつけるんじゃないかと、そう思ったわけです。

チベット暴動というきわめて重要で緊急の、つまりダウンサイドリスクの大きい問題が生じたために、それまで緊急で重要だった問題が、**相対的に軽く**なるのです。

ただ、その後、聖火リレーの混乱やダライ・ラマとの話し合いのニュースは聞きますが、餃子の話は聞きませんね。日本との関係は、餃子問題を中国側で解決するに及ばないと判断するほどの位置に追いやられてしまったのでしょうか？（と、この原稿を書いていたら、今度は四川省で大地震が発生しました。これは非常に不幸なことですが、中国政府にとってみれば、また、緊急対応の優先順位が変わってしまったことになります。これは、日本や他国にとっての優先順位が変わることにもなりかねません。実際、フランスのサルコジ大統領は、オリンピックへの自身の出席については不快感を示したものの、地震発生直後には人道的な見地から全面協力をすると発表しました）

つまり、

新たな問題が発生することによって、既存の問題の緊急度も重要度も変わりうる

ということです。ですから、**常にその時々で、何がいちばん優先順位が高いのか、重要度が大きいのかを判断していく**ことが重要です。

そして、その判断には、ダウンサイドリスクを考えます。

この章のまとめ

1 「問題」の特定を行うには、まず「優先順位」付けを行う。

2 解決すべき問題の優先順位は、ダウンサイドリスクの評価で決定する。

3 重要でも緊急でもない些細な現象のなかに、放置すると拡大する「問題の芽」が潜む。

4 解決すべき問題の優先順位は、「問題の芽」の急成長や新たな問題の発生により、刻一刻と変化する。

5 問題解決をしなくてすむ状態にしておくのが、最強の問題解決。

第2章
「根本問題」を特定する

根本問題を探り出す

第一章では、問題の特定のうち、優先順位の付け方についてお話ししました。引き続き、この章でも、問題の特定の仕方についてお話ししますが、今度は、根本的な問題の特定の仕方です。根本的な問題（「根本問題」）は問題の中核、真の原因であり、それを特定しないかぎり、ほんとうの問題解決に結びつけることはできないからです。

この章では、ツールを使って根本問題の特定を行うことにしましょう。**「ロジカルツリー」**と**「UDE」**です（どちらも、結構複雑なものもありますが、ここでは、簡単にしたものを紹介します。ふだんはそれで十分使えるからです）。

まずは、「ロジカルツリー」からです。

問題を分解するためにロジカルツリーを使う

わたしの使うロジカルツリーは単純です。**大きな問題を次々と分解するのに使います。**

ただし、その裏には論理があるので、ベーシックな知識が必要とされる場合も少なくありません。

例を挙げて説明しましょう。たとえば、「利益が低い」という好ましくない現象（＝問題）があったとします。どこの会社でも起こりそうな「問題」です。それに対し、「利益を上げるよう努力しよう」では、かけ声だけで、まったく問題が解決しないのは素人でも分かることです。これを分解して根本問題が何かを探り当てることで、解決策を導き出しやすくなります。今回は、会計的に分解するロジカルツリーを使って考えてみましょう。

まず、利益が低い理由として、会計的には、次の二つの理由が考えられます。

①　売上げが上がらない

②　費用（コスト）が高い

そして、①の「売上げ（＝数量×単価）が上がらない」には、

①－1　商品的な問題

①－2　価格の問題

①－3　流通の問題

①－4　プロモーションの問題

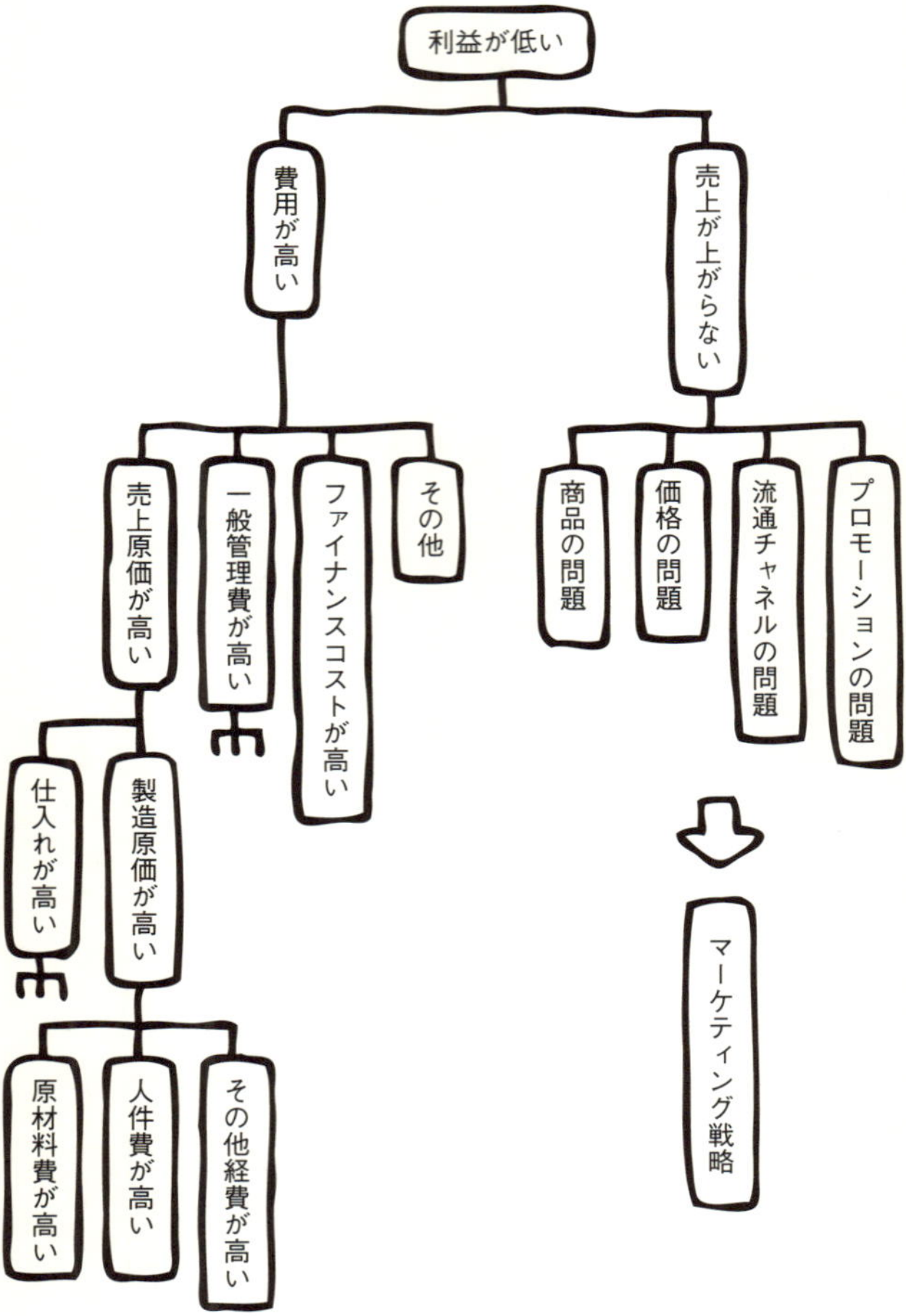
利益が低い
費用が高い
売上が上がらない
売上原価が高い
一般管理費が高い
ファイナンスコストが高い
その他
商品の問題
価格の問題
流通チャネルの問題
プロモーションの問題
仕入れが高い
製造原価が高い
マーケティング戦略
原材料費が高い
人件費が高い
その他経費が高い

などに分解できます。これはマーケティング戦略の問題です（お気づきですか？　ここでは「売上げが上がらない」という問題を「分解」しましたが、実は、**「マーケティングの4つのP（Product・Price・Place・Promotion）」**というコンセプト（概念）を使いました。これも**分解のツール**ですね。おそらく、ご存じの方も多いでしょう。コンセプトを知っていると、ものごとを分解しやすいわけです）。

②の「費用（コスト）が高い」に関しては、

②-1　売上原価が高い
②-2　一般管理費が高い
②-3　金利などのファイナンスコストが高い
②-4　その他

に分けることができます。さらに、②-1の「売上原価が高い」は、

②-1-1　製造原価が高い
②-1-2　仕入れが高い

に分解でき、②-1-1の「製造原価が高い」は、さらに原材料費、人件費、その他経費

に分けて考えることができます。

②－２の一般管理費についても同様で、人件費、運送費、家賃などに分解できますし、人件費もさらに、正社員、パート社員、外注人件費などに分解できます。

このようにどんどん分解していくことにより、何が売上高を上げるのを阻害している原因か、そしてコストアップをもたらしている要因か、ということを特定していくことができます。

さらに、同業他社のマーケティング戦略やコスト構造、さらには、自社の過去のコスト構造の分析をすることも必要です。

それによって、「コストが高い」という漠然とした問題ではなく、「同業他社に比して、人件費ならびに運送費（発送配達費）が、売上高比率で△△％高い」、あるいは、「三年前に比べて、○○％高い」といったような、コストを高めているほんとうの問題点（原因）にたどり着くことができるのです。

基礎的考え方を「ツール」として持つ

お気づきかと思いますが、この例では、会計の考え方や枠組み（フレームワーク）を使って、問題を分解しました。最初は、費用を分解する際に、売上原価、一般管理費、ファイナンスコストなどに、さらにこれを、製造原価、人件費などと、どんどん分解していきました。これは財務会計の「損益計算書」および、それに関連する原価や経費科目の考え方を分解の方法として使っただけです。

さらに、それをほんとうに問題なのかどうか分析するために、「人件費÷売上高」や「運送費÷売上高」などの比率を使ったりすることもあります。また、より複雑な分析をする場合には、「付加価値」に対する人件費の割合（労働分配率）といった指標や、ファイナンスコストでは（これは少しむずかしくなって恐縮ですが）、WACC（負債と純資産を加重平均した調達コスト）や、さらには、いまここで出てきたWACCを使ったEVA（経済付加価値）といったかなり複雑な概念を用いることもあります。

これには、先ほどまでの損益計算書などの「財務会計」の知識だけでなく、「管理会計」の知識が必要となります（少しむずかしかったかもしれません。スミマセン。専門が管理会計なもので）。

また、ときには「分布」や「相関」を重回帰分析などで調べたり、「移動平均法」などの手法を使ったりするわけですが、これには統計の知識が必要です。

知識はツールです。ツール（道具）を持っていて、それをうまく使えれば、分解をしやすくなるのです。また、「はじめに」でも触れましたが、慣れてくると、どのツールを使えば問題を分解しやすいかが、直感的に分かるようになります。

これには、もちろん、会計や統計の基礎的な知識を持つことが必要ですが、そんなにおおごとではありません。簡単に分かりやすく説明しているテキストもたくさんあります（わたしの本なら『「1秒！」で財務諸表を読む方法』（東洋経済新報社）や『ビジネスマンのための「数字力」養成講座』（ディスカヴァー）が分かりやすいと思います）。

ベーシックを学習し、全体の枠組み（フレームワーク）を知るだけで問題解決が格段にやりやすくなります。

と、この原稿を書いていたら、このロジカルツリーを使って解決するのに適した問題が、お客さまから持ち込まれました。

運送業のお客さまで、このところ、利益が落ちているということです。事業内容としては、自社の車両を使って運送することと、他の運送会社の車両を外注して運送することの両方があるのですが、それをひとつの部門で行っており、その全体の利益が落ちているというのです。

ロジカルツリーを使えば、根本的な問題を特定しやすいですね。自分なら、どんなロジカルツリーをつくるか、読み進む前に少し考えてください。

最初に、二つに分けましょう。ひとつは自社車両での運送、もうひとつは外注車両での運送。そしてそれをそれぞれ、売上高とコストに分けます。

まず、売上高からコストを引いた今年度の利益の絶対額と前年度との差額を自社車両と外注車両双方について書き出しておきます。

次に、売上高の増減額とコストの増減額を書き出します。つまり、今年度の自社車両の売上高の絶対額と前年からの増減額、コストの絶対額と前年との増減額です。外注車両でも同じものを書き出します。

そうすると、利益が落ちているのが、自社車両でのことなのか、あるいは、外注車両でのことなのかが分かります。さらに、それが、それぞれの売上高の減少によるのか、それとも、コスト上昇によるのか、はたまた、その両方かが分かります。

コスト上昇なら、それが自社車両の場合だと、人件費、物件費、燃料費などにさらに分解できます（外注車両は仕入れコストだけですね）。

こうして原因が特定できれば、対応策が検討できます。売上高が落ちているのなら、営業や価格を含めたマーケティング上の対応策が検討できますし、コストの問題なら、原価管理の問題や、外注先とのコスト交渉ということになるでしょう。

非常に単純なケースでも、億劫がらずにロジカルツリーを使って分解することです。それによって、本質的な問題を特定しやすくなります。

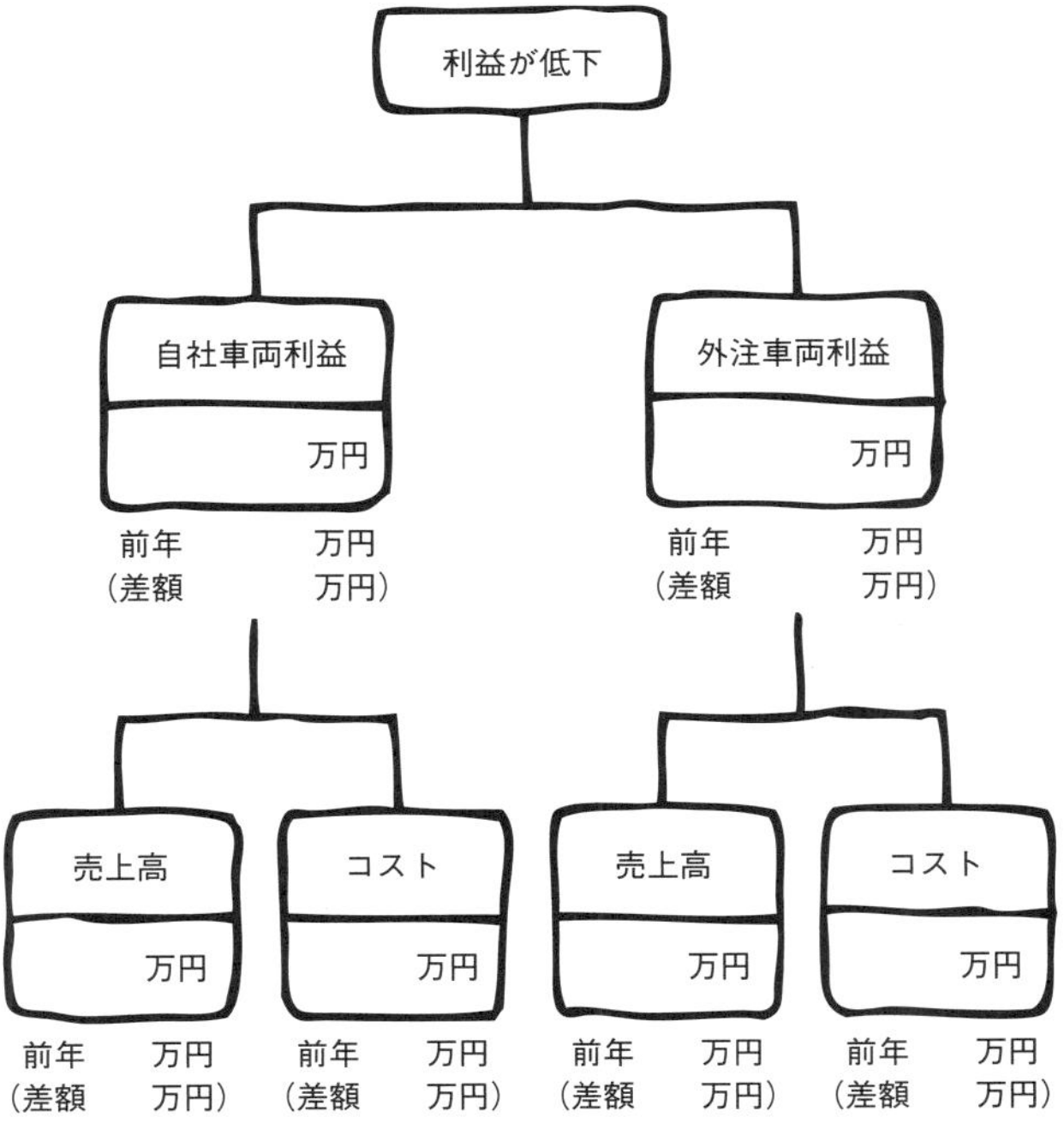
利益が低下
自社車両利益
万円
前年　万円
(差額　万円)
外注車両利益
万円
前年　万円
(差額　万円)
売上高
万円
前年　万円
(差額　万円)
コスト
万円
前年　万円
(差額　万円)
売上高
万円
前年　万円
(差額　万円)
コスト
万円
前年　万円
(差額　万円)

好ましくない現象＝ＵＤＥを書き出そう！

もうひとつ、わたしがよく使う分解ツールを紹介しておきます。ＵＤＥです。**ＵＤＥ**というのは、「Undesirable Effects」というものの略。Undesirable の Un のＵと Desirable のＤ、それから Effects のＥをとって、**ＵＤＥ**です。つまり、「好ましくない現象」です。

第一章で、「現象のなかに問題があり、現象のなかで好ましくないものを「問題」と呼ぶ」といい、ポストイットに書き出してみましたね。あの書き出したことの一つひとつが、ＵＤＥだったわけです。ここまで、「好ましくない現象（＝問題）」という表現を何度かしてきましたが、それも、みんなＵＤＥです。なんだ、別にむずかしくない、当たり前のことですね。

もし、まだ書き出してみていない方は、今度こそ、書き出してみてください。すでに書いてみた方も、今度は、仕事のこと、職場のことに限って書いてみてください。

コツは**できるだけ短い文章で書く**こと。たとえば、「売上げが上がらない」とか「利益が出ない」「遅刻してくる従業員がいる」「新製品が開発されない」「教育が十分でない」等々。

とにかくできるだけ短い文章で、一つの文章の中に、「売上げが伸びないから利益が出ない」というような「論理」が入らないことが重要です。

書いてみると、いろいろありますね。とにかく書き出していくんです。十個から二十個ぐらいでいいでしょう。

UDEのポストイットでツリーをつくってみよう！

で、この書き出したものをまた、貼っていくのですが、今度は、先ほどの「重要度と緊急度のマトリクス」とは別のフォーマットに貼っていきます。

それが、**ツリー！**

先ほどのロジカルツリーとはまた違うツリーです（これも、論理構成をしていくツリーなので、ロジカルツリーには違いないのですが、ややこしいので、ここでは「UDEのツリー」、あるいは、単に「ツリー」と呼びます）。

書き出した一つひとつの**UDE**を、上下関係をつけながら、貼っていくのです。**上が結果、下が原因の上下関係**です。（八十二ページを参照してください）

たとえば、「利益が出ない」原因は、「売上げが上がらない」ことだから、「利益が出ない」のポストイット（これを「カード」といいます）の下に、「売上げが上がらない」と書いたカードを貼ります。さらに、「新商品が開発されない」は、「売上げが上がらない」の原因だから、「売上げが上がらない」の下に貼ります。

このとき、最初に書かなかったけれど、「利益が上がらない」原因には、「コストが高い」もあるな、と気づいたら、「コストが高い」と書いたカードをつくって、それも、「利益が出ない」の下に、「売上げが上がらない」の横に並べて（並列して）貼ります。

なんだ、簡単、ふだん頭のなかで自動的にやっていることですね！

そう、基本はとても単純なことです。でも、ほんとうに書き出してやってみると、これが結構むずかしい。

じゃあ、「アルバイトスタッフがすぐ辞めてしまう」は、どこに貼るんだ？　「主要取引先が不当なリベートを要求してきている」は？　「ゴールをいつも達成する人といつも達成しない人がいる」の原因に当たるUDEは何だ？　「会議で発言が出ない」というのもあるぞ！　といった具合。上下関係がつけられなくて、ただただ、横に仮置きされていくポストイットでいっぱいになってしまいます。

ここでのコツは、複数の人でつくることです。ひとりで考える限り、自分自身の論理の限界を超えることは絶対にできません。二人以上、できれば、四、五人で、まず、UDEを書き出します。今度は、二十個から三十個ぐらいでしょうか。

次に、原因と結果の関係をつけながら、貼っていきます。「何々だから何々だ」と声に出しながら貼っていくといいでしょう。通常、一～三時間でできます。

こうしてツリーをつくっていくと、**どこに根本的な問題があるのか**ということが特定しやすくなります。

ちなみに、この手法、十年ほど前に日本でもベストセラーとなった『ザ・ゴール』（ダイヤモンド社）のテーマ、TOC（Theory of Constraints ＝制約条件理論）のなかの問題解決手法のひとつです（本書では、その内容を非常に単純化してありますが）。あの本では舞台が生産工場だったため、TOCというのは、生産管理の理論だと思っている方もいらっしゃるかもしれませんが、スループット会計という管理会計の理論なのです。

詳しいことをご説明していると、それだけで一冊の本になってしまいますので、ごく簡単に、さわりだけをご紹介していますが、実際にやってみれば、それだけで根本問題を特定するのに非常に役立つと思います。

詳しいことにご興味のある方は、以前、東洋経済新報社から出した拙書『図解TOC・スループット経営』をご覧いただけると幸いです。

ツリーをたどって、根本問題を探せ！

さて、あなた自身のツリーは、できあがりましたか？

これまでの経験から言わせていただきますと、企業ではほとんどの場合、**ツリーのいちばん上に経済的な現象**が出てきます。「利益が出ない」とか「売上げが伸びない」とか。で、その下に、「売上げが伸びない」原因として、「新商品がない」「お客さま対応が悪い」「クレームが多い」「訪問回数が少ない」というような、**お客さまに関わる問題**が出てきます。それが根本的な問題である場合もなくはありませんが、さらにその下に、**組織や風土の問題**が出てくることがほとんどです。つまり、「人員不足だ」「社員のやる気がない」「社員の能力が低い」「教育ができない」等々。

さらに、その下に、経営者の姿勢の問題が出てくることも少なくありません。

つまり、いちばん上の「利益が出ない」にはじまって、どんどん下に降りていって、最終的に落ち着くところ、それが根本問題だったのです。ただし、根本的な問題がひとつではない場合も珍しくありません。

ともかく、「利益が出ない」というのは、それそのものを解決できるような「問題」ではなくて、表面に表れている経済的な「好ましくない現象（UDE）」だったわけです。

ネガティブ・ループが現れるまで！

ところが、このツリー、いちばん上にある「利益が出ない」ことが原因で、いちばん下の「教育ができない」へ戻り、「教育ができない」からそのすぐ上のカードの「社員の能力が低い」となってしまって、また、「社員の能力が低い」……から「利益が出ない」と、いちばん上までいって、また下まで戻ってきてしまうことがあります。堂々巡りです。これを、負のループ、「ネガティブ・ループ」といいます。

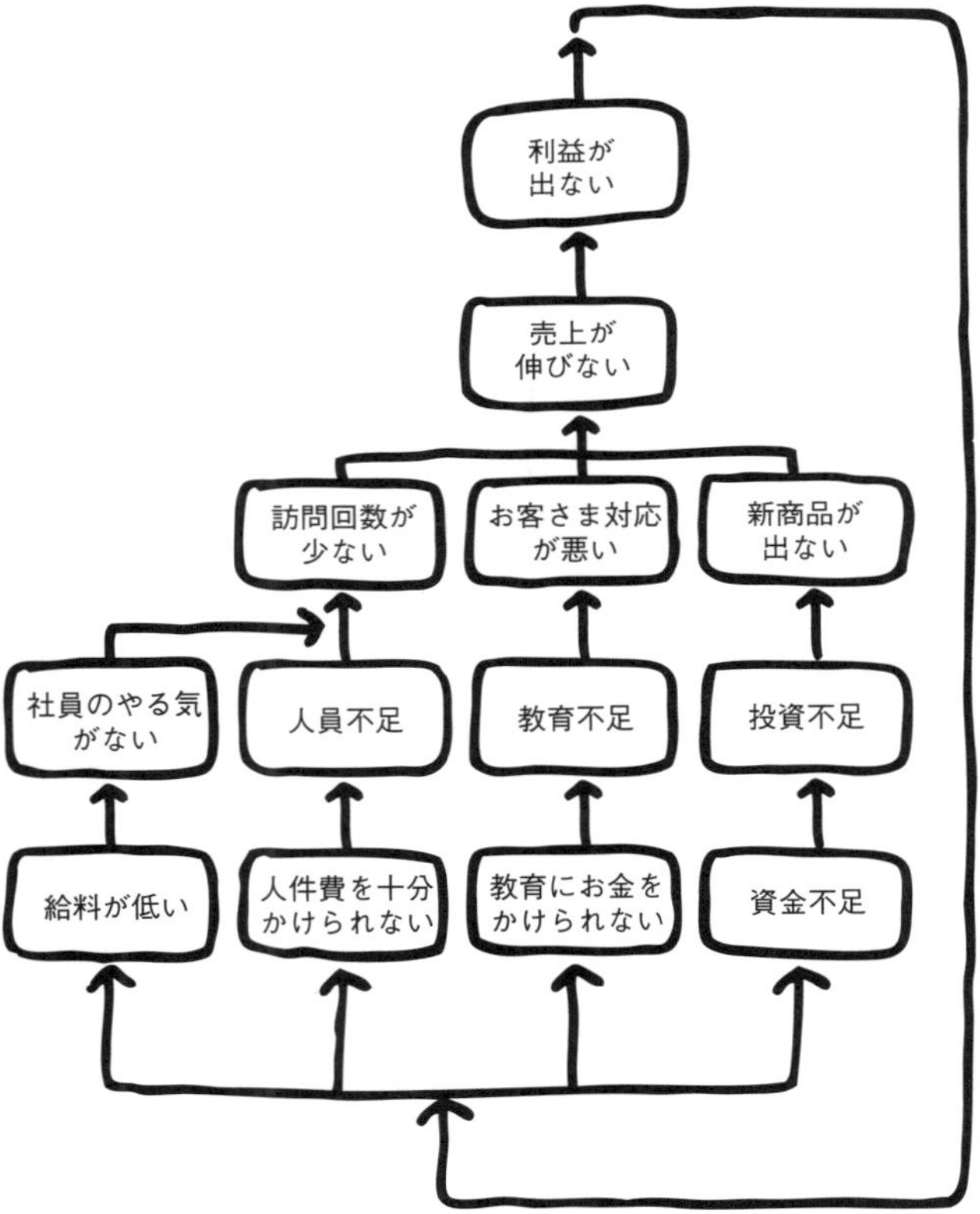

利益が
出ない
売上が
伸びない
訪問回数が
少ない
お客さま対応
が悪い
新商品が
出ない
社員のやる気
がない
人員不足
教育不足
投資不足
給料が低い
人件費を十分
かけられない
教育にお金を
かけられない
資金不足

やってみると、**必ずこのネガティブ・ループが現れます**。でも悪いことではありません。このネガティブ・ループが現れないと、根本問題がどこかというのが分からないのです。オセロのように、そのネガティブ・ループのなかのひとつのカードをひっくり返すと、みんなひっくり返って大部分が解決する、そういうＵＤＥのカードが見つかったら、それが、求める根本問題です。

ところが、そうやって見つかった根本問題も、さらに、なぜなのか？　と深めていくと、さらにその下に、ほんとうの根本問題が見つかることもあります。ツリーをつくりながら、そしてツリーが完成したあとも、論理が飛んでいないかをみんなで考えてください。「○○だから△△だ」と**一枚ずつのカードの論理的関係が正しいかを考える**のです。

コツは、「はじめに」にも書きましたように、次の三つのキーワードを使うことです。

「なぜ？」

「ほんとう？」

「それから？」

この質問をお互いに繰り返してください。

現実には、根本問題に至るには、精緻な論理的思考力を必要とします。しかし、複数の人でやれば、かなりの精度まで高まります。

そうすると、たとえば、「社内のコミュニケーションが悪い」というのが根本問題だと思っていたら、それが「不公平な人事評価制度」にあったといったようなことが見つかったりするわけです。

わたしの経験では、たいてい、数時間かければかなりのことが分かります。

まとめてみましょう。

1　UDEをポストイットのようなカードに書き出す。
2　原因（下）と結果（上）の関係になるよう、貼っていく。
3　ネガティブ・ループが現れるまで続けて、根本問題を見つける。
4　根本問題だと思ったものをさらに深めて、ほんとうの根本問題を特定する。
5　根本問題は、ひとつとは限らない。

こうして書いてみると、当たり前のことのように思われるかもしれませんが、実際のところ、根本問題を特定せずに表面的な好ましくない現象だけを見て、その改善策を考える、つまり、表面的な現象に対する対処療法だけをやっている会社が少なくありません。

それでは、熱が出た、それなら、熱冷まし、解熱剤を飲んでおきましょうと言っているのと同じです。熱が出ているからには、どこかに炎症があって、それが化膿している可能性もあるわけです。そういう根本的なところを見つけ出し対応していかない限り、ほんとうの解決はできません。

そして、その根本的な問題を見つけ出すのが、ＵＤＥという手法なのです。

対応可能性を検討する

さて、問題をある程度、特定できたとします。

ここからが大事です。問題が分かっても手を打たないのだったら、何も変わらないわけですから！　評論家ならそれでいいかもしれませんけれど、ビジネスマンがやるべきは、実際に、問題の解決をして結果を出すことです。

では、さっそく、問題解決の手法を！　といきたいところですが、その前に、もう一ステップ、行うべきことがあります。対応可能性の検討です。

つまり、**自分たちで対応できるのかどうかを検討する**のです。

なぜなら、もし、儲からないいちばんの根本が円高だと分かったとして、円高そのものに、対応できますか？　日銀の総裁でない限り無理ですね。ドル買いの介入ができるわけではありませんし。

そこで、ほかに対応できるところを探るわけです。

円高には対応できないけれども、コスト削減なら自分たちでできます。実際、いまから数十年前のニクソンショックのときも第一次、第二次のオイルショックのときも、自動車を中心とする日本の輸出産業は、そうやって乗り切り、世界で有数の企業へと成長してきました。

地球の環境問題についても、それだけとると大きすぎて、とても一企業が対応できる問題ではないと思われがちですが、いまから数十年前にアメリカで成立したマスキー法（車の排気ガスを大幅に制限する法律）に関しては、日本の自動車会社がいち早く対応して、それをきっかけに、日本車がアメリカの自動車会社をしのいでいくことになりましたから、個別企業として、対応していけることがないとはいえません。

こうした政治・経済のことはひとまず置いておくとしても、自社が持つ資源の問題から、やはり対応できないことが根本問題として出てくることもあります。

会社には、事実上、資源の制約があります。お金をかければ解決する問題も、企業によってはできないことも少なくありません。人の制約もあります。優秀な人材ばかりがそろっている企業は多くはありません。

また、ビジネスでは必ず時間の制約があります（仕事のできない人は、たいてい、これらを理由に、「できないこと」「やらないこと」を正当化しようとしますが、もちろん、そういう人のことは論外です。限られた資源のなかで、どうやったらできるかを考える、本書は、そういう人のために書いています）。

となると、**対応可能な「問題」を特定し、どの「問題」にどれだけ、どの順番で資源を配分していくか**、これが、現実の問題解決のポイントとなります。つまり、対応可能性を検討したうえで、解決することでいちばん効果の出る根本問題を特定するわけです。

なお、これまでの経験上、多くの場合、（適切な）人員の不足、教育不足、組織構成、コミュニケーションの問題、経営者やリーダーの姿勢などが根本問題となることが多いと感じています。

したがって、もう一度整理すると、

対応可能な問題に対し、優先順位、並びに、外部環境、内部環境の双方を考えたうえで資源の投入の配分を検討するわけです。

（つまり、緊急度、重要度を考慮したうえで、どの「カードをひっくり返す」（＝どのUDEを解消する）かを決めるということになるわけです）

というわけで、ようやく、解決を図るべき、ほんとうの問題が特定されました。この本でも、約半分が終わったところです。ここまで読まれた読者のみなさんの論理的思考力もかなり上がったはずですが、まだ半分残っています。

次の章では、この特定された問題に対する解決策の策定手法をお話しします。

この章のまとめ

1 ロジカルツリーを使って問題を分解することができる。

2 マーケティングや会計などの枠組み（フレームワーク）を知れば、問題を分解しやすくなる。

3 好ましくない現象を、UDE＝Undesirable Effects といい、複数のUDEの関係を、ツリーで表現することにより、根本問題を特定することができる。

4 ネガティブ・ループが現れるまで、ツリーを作成する。ネガティブ・ループを断ち切る対応可能なUDEが根本問題。

5 ロジカルツリーは、複数の人で、「なぜ?」「ほんとう?」「それから?」という質問を繰り返していくと、根本問題に至りやすい。

7 対応可能な問題に対し、優先順位、並びに、外部環境、内部環境の双方から資源の投入の配分を検討する。

第3章
「問題」を検証する

あなたならどうする？　ケーススタディ入門編

「はじめに」を読んで、イタリア文具メーカーの日本法人のケースの正解は、どうなっているんだという方、お待たせしました。

これから、まずは、このケースをもとに、問題解決の方法についてお話しすることにします。

では、ケース1をもう一度、見てみましょう。

ケース❶

A社は、イタリアにある有名高級文具メーカーの日本法人です。五十年以上も日本でイタリア製の商品を販売し、日本でのブランドの認知度もかなりあります。

A社の前社長は、もともとは商社マンでしたが、四年前にスカウトされて、A社に社長として転籍し、在任の四年間に売上げは四億円から八億円に、利益も、それ以前は四千万円だったのを二割アップの四千八百万円へと大きく伸ばしました。

しかし、そのために、ディスカウントショップ、家電量販店などへと販路を拡大し、一方、従来八十％あった百貨店での販売比率は十五％まで低下しました。ブランドイメージも従来より落ちつつあります。また、以前は三十五％あった粗利率も二十三％まで下がっているのが現状です。

Ａ社は小さな会社で、社長のほかに東日本と西日本の担当の営業マンがそれぞれ二人ずつと、事務の女性が二人という陣容です。

営業マンには、売上高、利益に応じたボーナスが支給されており、基本給は前年の成績に応じた年俸制をとっています。このところの売上高、利益の伸びから、各営業マンのボーナスを含めた年収も四年前より、二十％程度上がっています。

さて、前社長は、売上高や利益に応じて得られる多額のボーナスをもらったあと、他社へ転身し、Ａ社は、新たに、あなたを社長としてスカウトしました。

営業マン、事務スタッフの陣容は、四年前と変わっていません。あなたは何を行うべきでしょうか？

さて、あなたなら、どうしますか？

——ブランドイメージを取り戻すのが先決だから、ディスカウントショップで売るのをやめて、デパートで売るようにする？

そうですね。実は、このケース、いろいろな会社の研修でやってもらいました。で、「はじめに」でも書いたように、たいてい出てくるのが、この意見です。

では、わたしの考える正解はというと——

これだけでは、判断できない。

これが正解です。そんなのずるい、とおっしゃらないでください。「はじめに」で、太字で、**「答えをあせらないでください。」**と書いてあったのを覚えていますか。実はそれが、このケースの正解だったのです！　これだけでは、答えは出ません。というより、これだけで答えを出そうとすることが間違いなのです。**「合理的な結論を出すには、情報が少なすぎる」と感じることが重要**です。

必要な情報を収集し、分析する

だいたい、みなさん、ブランドイメージを取り戻すと言いますが、ほんとうにブランドイメージは低下しているのでしょうか？　その根拠は？　証拠は？

次に、そもそも、なぜブランドイメージが大事なのでしょうか？

こう聞くと、たいていの方が、お客さまのためだ、と答えます。ということは、顧客満足度が落ちているのでしょうか？　そう考える根拠は？

たしかに、ブランドイメージの低下から、顧客満足度が落ち、今後、売上げは減少、価格競争に巻き込まれて、利益もますます減少、ということになるかもしれません。でも、それはあくまでも、ブランドイメージが低下し、顧客満足度が落ちているという前提のもとの予測です。

でも、実際には売上げは倍増しています。だとしたら、まず、ほんとうにブランドイメージがこの四年間で落ちているのか、顧客満足度が低下しているのかを調査する必要があります。もし、四年前のデータがなければ、競合他社ブランドのものとの比較でもいいですから、ともかく調査が必要です。

また、イタリアの親会社の意向も分かりません。もちろん、ブランドイメージを下げることはきらうでしょうが、親会社をファンドなどが保有していて「短期的利益」を要求しているのか、それとも、昔ながらのファミリー企業で、短期的利益を無視してでもブランドイメージの向上を求めるのか、が分かりません（日本では高級イメージだが、本国ではそれほどではないというブランドもあります）。

ともかく、**現状を客観的に把握するための情報を収集する**。それが最初にやるべきことです。**分からないことは「仮定」として話を進めていかなければなりません。**

「ブランドイメージは、かなり低下していると仮定すれば、……」

「顧客満足度は、それほど低下していないと仮定すれば、……」

「本社の意向は、ブランドイメージ維持だと仮定すれば、……」


という結論の出し方をしなければならないのです。

言い方を替えれば、この「仮定とすれば」とする部分で、調査可能な部分のデータを集めることで、より正確な結論を出すことができるのです。

十分な情報がないなかで、簡単に結論を出してはいけません。経営者やコンサルタントが占い師と違うのはそこなのです。


重要なことなので、繰り返します。

論理を一足飛びに飛躍させないで、結論を出すためには、

「どの情報が足りないか」「何を仮定とするか」をきれいに分けることが大切です。


それで、もし、ほんとうにブランドが傷んでいたとしたら、どうするか？

いったん、傷ついたブランドイメージを回復するのは容易ではありません。だとしたら、

せっかくディスカウントショップで、売上げが上がり、利益が出ているわけですから、そこでの売上げをより伸ばす、という戦略も考えられます。特に、ブランドイメージは落ちているけれど、顧客満足度は下がっていない、もしくは上がっている場合、十分に考えうる戦略となります。

さらに、百貨店の販路ももう一度回復するために、いまのラインナップよりワンランク上の新しいブランドを立ち上げ、そちらは、百貨店のみで売り、二本立てにするという戦略もあります。実際、花王のアジエンスというヘアケア商品のブランドでは、花王の名前を一切出していません。

では、逆に、そんなにブランドイメージが傷ついていないということが分かったとしたら？　この場合は、百貨店での販売をまたやり直せばいい。さらに、せっかく開いたディスカウントショップの販路も活かして、今度は逆に、ワンランク下のブランドを立ち上げて、二本立てにすることも考えられます。

ただし、現状の把握という点では、社内の販売データの分析も欠かせません。販売比率とグロスでの利益率は書いてありますが、その内訳はどうなっているのか？　百貨店の販売比率は十五％だが、利益の比率はどうなっているのか？　百貨店向けとディスカウントショップ向けの商品の内訳は？　等々。

いずれの場合も、ブランドイメージや顧客満足度の調査のほかに、百貨店とディスカウントショップ全体の売上げの推移も調べたほうがいいでしょう。百貨店そのものの地盤低下は以前から指摘されていることです。百貨店だけに販路を限ることのリスクも十分に試算したうえで、戦略を決定すべきだと思います。つまり、外部環境の分析です。ライバル商品の動きも調査すればさらによいでしょう。

また、ブランド、ブランドというけれど、そもそも、そのイタリア製の文具、本国イタリアや欧州では、どの程度のブランドイメージなのか？　その調査も必要だと思います。そのうえで、価格帯も含め、ブランドと販路の再構築を考えることです。

（つまりは、マーケティングの基本の４P（Product・Price・Place・Promotion）ですね。このことについては、あとでまた、章を変えて、ご紹介します）

直感の罠……結論を急がない

ところで、そもそもブランドイメージが下がるのがどうして問題なのでしょうか？

このことについて、別の角度から、お話しします。


どんなケースであれ、顧客満足度が下がっているということなら、明らかに問題です。しかし、このケースの場合、これまで以上のお客さまを獲得し、売上げ、利益額ともに伸ばしています。もちろん、ブランドイメージが高いに越したことはありませんが、新社長が就任した時点では、「事実として」ディスカウントショップで大量に売れているのです。

ひょっとしたら、比較的よいと考えられるものが、ディスカウントショップで安く買えるということで、顧客満足度は上がっていることだってあるわけです。

ディスカウントショップでの売上比率が急増している、こりゃあいかん、すぐさま、元に戻さなきゃ、と、**自動的に反応してしまうのは、論理的思考ではありません。**

「(漠然とした）ブランドイメージ低下＝悪」という**先入観（思い込み）が直感的な結論を導き出している**のです。

つまり、**直感的にものを考えてはいけない**ということです。それは占い師のやることです。どういうデータが足りないのか、どういう調査をしないといけないのかを考えて、それを集める。その結果をもとに、先ほどのように、Aという事実が出ればこうする、Bという事実が出ればこうすると、場合分けして考えるのが論理的思考というものです。

そのうえで、先に述べたように、ブランドイメージが傷ついていないのなら、百貨店の販売比率を高めると同時に、ディスカウントショップ用に、それより下のブランドを立ち上げる。ブランドイメージが傷ついているのなら、百貨店用に新しい高級ブランドを出す。あるいは、百貨店をあきらめる、などと戦略を考えていくわけです。

その場合、それぞれの売上げと利益の割合は、どのくらいにするか、販路そのものの将来性はどうか、文具市場全体でのシェアをどの程度見込むのか等々――さまざまな場合の仮説を立てて、その検証をしていく。それによって、最終的に戦略を決定します（このことについて詳しくは、あとの章でお話しします）。

こうしたプロセスをとらないで、「まず、ブランドイメージを回復させなければいけませんね」なんて言うのは、**問題解決ではありません。ただのご託宣です。**

当然のことだと思われるかもしれませんが、経験の浅い、論理的思考力が十分でないコンサルタントが陥るのが、ここです。問題解決と言いながら、自分が知っている限られた知識やそれに基づく「固定概念」のなかで、直感的に判断しようとする。占い師のようなコンサルタントの言うことを鵜呑みにしては、ましてや、あなた自身が占い師になってしまっては困ります。

思い込みやメンツがバイアスとなる

というわけで、問題解決のステップ1は、**十分なデータを収集する、ということです。**もちろん、時間などの制約がありますから、いつでも十分なデータが収集できるとは限らないでしょう。

でも、仮に、データが十分でない状態で判断しなければならない場合でも、**何が足りな**

いかを認識したうえで、十分なデータのない部分は「仮定」として判断することです（しつこいようですが、くれぐれも、占い師にならないように）。さもなければ、さきほどのイタリア文具メーカーの例で見たように、思い込みによるバイアス（偏見）がかかった判断になりがちです。

先の章に話は戻りますが、原因の特定においても、ロジカルツリーやUDEなどを使わなければ、直感というバイアスにさいなまれることもあります。

つまり、何事にも、「事実」と「仮定」を区別し、論理を構成し、そこから出た結論を「仮説」と考え、それを検証することが必要なのです。それが論理的思考力です。

先ほどのケースで、ブランドイメージ調査を行うべきだと言ったのも、ブランドイメージが落ちていることが利益率の低下という問題の原因だというのなら、それをひとつの仮説として検証してみる、ということだったのです。

先日、ある会社の役員会でのことです。ある事業部の売上げだけがもう何年間も伸びていないという話になりました。その事業部の責任者は、原因は事務処理のプロセスの煩雑さにあり、だから事務のスタッフを増やしてくれないと売上げを伸ばすことはできないと発言しました。

そこで、わたしが最初に思ったのは、そうではなくて、商品性に問題があるんじゃないかなということでした。でも、その商品の開発の中心になったのは、その責任者です。だから自分としては商品が悪いとは思いたくない、言いたくない。それで、事務処理能力がボトルネック（流れを制約している部分）だと言っているのではないかと思ったわけです。

ここで、商品性に問題があるのではないか、というのも仮説です。事務処理に問題があるというのも仮説です。すべてが仮説です。検証してみなければ分かりません。

この場合、簡単な検証は、一カ月か二カ月の期間限定で、事務スタッフを増員してみることです。それで、売上げが上がれば、事務処理件数がボトルネックになっているという仮説が当たっていたことになります。

商品性に関しては、商品の特性を分解して他社商品と徹底比較したうえで、それぞれのポイントについて、あるいは総合的に、お客さまへのヒアリングを行うことです。買ってくれた方には満足度調査を、逆に買ってくれなかった方には、どこに問題があったのかをヒアリング調査します。

これらの結果、もし、商品性に問題があるということになれば、商品開発をし直すことが問題解決になるし、事務処理に問題があるのなら、そちらを解決することになります（ただ、この場合、事務スタッフを増やすことが唯一の解決方法ではなく、事務処理のプロセスそのものを見直し構築し直す、という方法もあります）。ひょっとしたら、商品と事務処理プロセスの両方に問題があるかもしれません。

大切なのは、すべてを仮説とし、検証したうえで、ほんとうの原因を特定していくことです。

先ほどのＵＤＥでも、みんなで話し合って「これだ」と特定した「根本問題」も、実は、仮説にすぎません。検証が必要です。

たいていの場合、自分がやったことは正しいはずだという**思い込みやメンツが、バイアス（歪み、偏見）となります**。検証なしに原因を決めつけていては、いつまでたっても問題は解決されません。

検証の罠

思い込みや直感で決めないで、仮説を検証するために、調査をする。これで、大進歩です。事実を調べるために、どういうデータをとればいいかが分かるようになったら、一人前です。

でも、**せっかくの調査自体にバイアスがかかって、正しい事実の把握ができない**こともありますから、ご注意！

有名なのは、電話が普及し始めたころの米国大統領選挙の世論調査の例です。サンプリング調査を、当時まだ珍しかった電話でやってしまったものだから、結局、電話を持っているお金持ちばかりの声から全体を推測することになり、調査としては大失敗に終わってしまったというわけです。

わたし自身の経験でも、こんなことがあります。街を歩いているとき、ビールの味見の調査を頼まれて応じたのですが（ビールは好きですし、図書券をくれるというので）、素人のアルバイトらしい調査員が、最後に、「こっちの味、どう思いますか？」などと聞くものですから、そのビールが調査対象の新製品だということが分かってしまいました。調査する側にバイアスがかかってしまっているわけですから、これでは、正しいマーケティング結果は得られないだろうなと思いました。

逆に、アンケート調査を受ける側がプロだったりすると、これまた、正しい結果は得られません。知人に聞いた話ですが、タバコの嗜好調査をずっと受け続けている人がいるそうで、そういう人からいくら聞いても、一般の人の声は、推測できないのではないかと思います。

それでも、最後は直感!?

一方、これまでのお話と矛盾するようですが、どれだけ事実を検証していっても、最終的にはエイヤで決めないといけなくなる、というのも事実です。
時間的あるいは経済的な制約もあり、完璧なデータを集めることは不可能です。だとしたら、最後はやっぱり直感です（実際に、最終決断を下さなければならない立場にある人なら、お分かりかと思います）。

つまり、情報の収集と分析による、仮説検証作業で、失敗の確率をある程度までは下げることはできる。でも、最後はやっぱり直感なのです。

腕のいい経営者やコンサルタントの仕事というのは、要するに、

成功確率を高める、言い方を替えると失敗確率を下げることです。

経営というのが、未来に向かって決断するものである限り、失敗確率がゼロになるということはあり得ません。そこが、過去の事例をとり扱っているだけの勉強との大きな違いです。もう最後は直感で決める。そして、そこに、経験がものをいうことが多いのです。

ただ、**直感にたどり着くまでは、仮説と検証を繰り返す**、そこが、ただの直感、思い込みとメンツのバイアスのかかった直感との違いです。

では、いつまで仮説と検証と繰り返すのかといったら、資源の制約下で、つまり、時間と予算の制約のなかでできる限り、です。

そして、**ある程度のところで、エイヤ、ポン！**とやらざるを得ないのです。

この章のまとめ

1 現状を客観的に把握するために、できうる限りの情報を収集し、分析するまで、結論を急がない。

2 「事実」と「仮定」を分けて考える。

3 情報を論理的に分析して結果もまた、ひとつの「仮説」として「検証」する。

4 思い込みとメンツからくるバイアスに注意する。

5 問題解決とは、限られた資源と情報のなかで、失敗確率を最大限下げる（成功確率を最大限上げる）ために行うもの。

6 最後は、直感！

第4章

解決策を策定する

解決策を直感で決める前に！　プロコン・リストの勧め

前の章でとりあげたイタリア文具メーカー日本法人のケースを例に、今度は、「解決策の策定」について、お話ししましょう。

前の章のポイントは、「思い込み」によるバイアスにとらわれず、**必要な情報を収集・分析して、事実を事実として把握し、解決すべき問題を特定する**ということでした。

そうして、問題が特定されると、次は、それにそった解決策を策定することになりますが、ここでは、仮に、調査の結果、次のような事実が明らかになったとします。

1　ブランドイメージは明らかに低下し、
　国産の大衆商品との間で価格競争が起きている。

2　顧客満足度は低下しておらず、
　ほかの輸入ブランド文具や国産の高級ブランド文具と比較しても、同程度である。

つまり、ブランドイメージは低下しているが、買ったお客さまの製品に対する満足度は悪くないという結果です。

さて、この結果を踏まえて、どういう戦略を立てるか？

なお、目的は、利益と売上げ双方の安定的成長です（実際には、具体的な期限付きの数値目標が必要ですね）。

先にも少し触れましたように、ブランドイメージが傷ついているとしても、ただちに、その回復のために、百貨店での販売シェアを高めなければならないわけではありません。それが唯一の解決策ではありません。

もちろん、その方法をとることもできますし、あるいは、極論すれば、いまのディスカウントショップでの販売拡大路線で、薄利多売の戦略に切り替える方法も考えられるわけです。さらに、調査結果からも顧客満足度は落ちていないということですから、商品そのものには問題はないと考えられるので、デパート専用の高級路線用の別ブランドを立ち上げ、二本立てでいくという戦略もありましたね。

ここでも、思い込みのバイアスから逃れ、直観的判断を避けなければいけません。

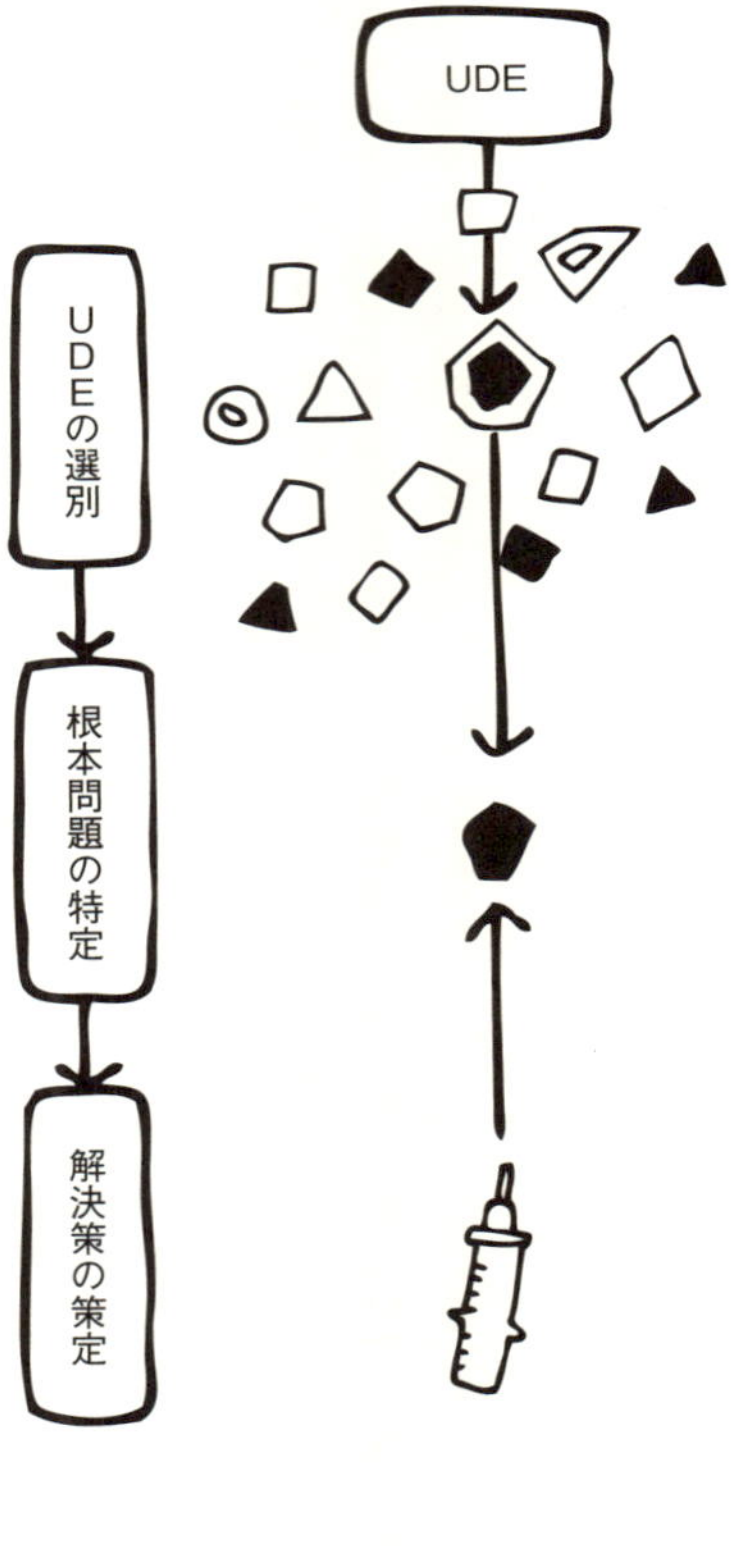
UDE
UDEの選別
根本問題の特定
解決策の策定

というのも、せっかく慎重に調査をして、「科学的に」原因を特定しても、いざ、それではどういう解決策をとるか？　というところで、結構、安易に決めてしまう企業も少なくないのです。やってみて、失敗したらまた違うことをやればいいじゃないかといった具合です。

まあ、たしかに、それはそうなんですが、やるからには、あらかじめ失敗しないためにはどうすればいいかということを、もう少し考えておかなければなりません。考えに考えて、失敗確率を最低まで下げたとしても、失敗することはあるのです。ビジネスで百パーセント成功することが約束された戦略なんてない。まして、適当な解決策や戦略ならなおさらです。失敗したらまた違ったことをやればいいというのは、そこまでやってもダメだったときのために、とっておくべき気概だと思います。

では、どうするか？

ここで、ご紹介するのが、問題解決策の策定のためのツールのひとつ、**「プロコン・リスト」という手法**です。

プロコンとは、あまりなじみのないことばかもしれませんが、英字新聞などを見ていると、よく登場する表現のひとつで、正確には、pros and cons、プロ（PROS）は、ラテン語のfor（賛成の）、コン（CONS）は、against（反対の）という意味。そこから、pros and consで、「賛否」とか、是非を問うの「是非」とか、「よい点と悪い点」の意味で、ふつうに使われていることばです。

で、プロコン・リストというのは、要するに、「**よいことと悪いことの一覧表**」。ものごとには何であれ、よい点と悪い点がある、それをもう一度リストに書き出してみよう！　というわけです。単純なことですが、やってみると漠然と考えているよりものごとが見えてきます。

たとえば、今のケースでは、

選択肢A　「現状の製品はディスカウントショップ用として、百貨店用に高級品を開発し、百貨店の販売を拡大する」

選択肢B　「百貨店にはそれほど注力せず（したがって、高級品は開発しない）、現在のディスカウントショップでの販売路線を拡大する」

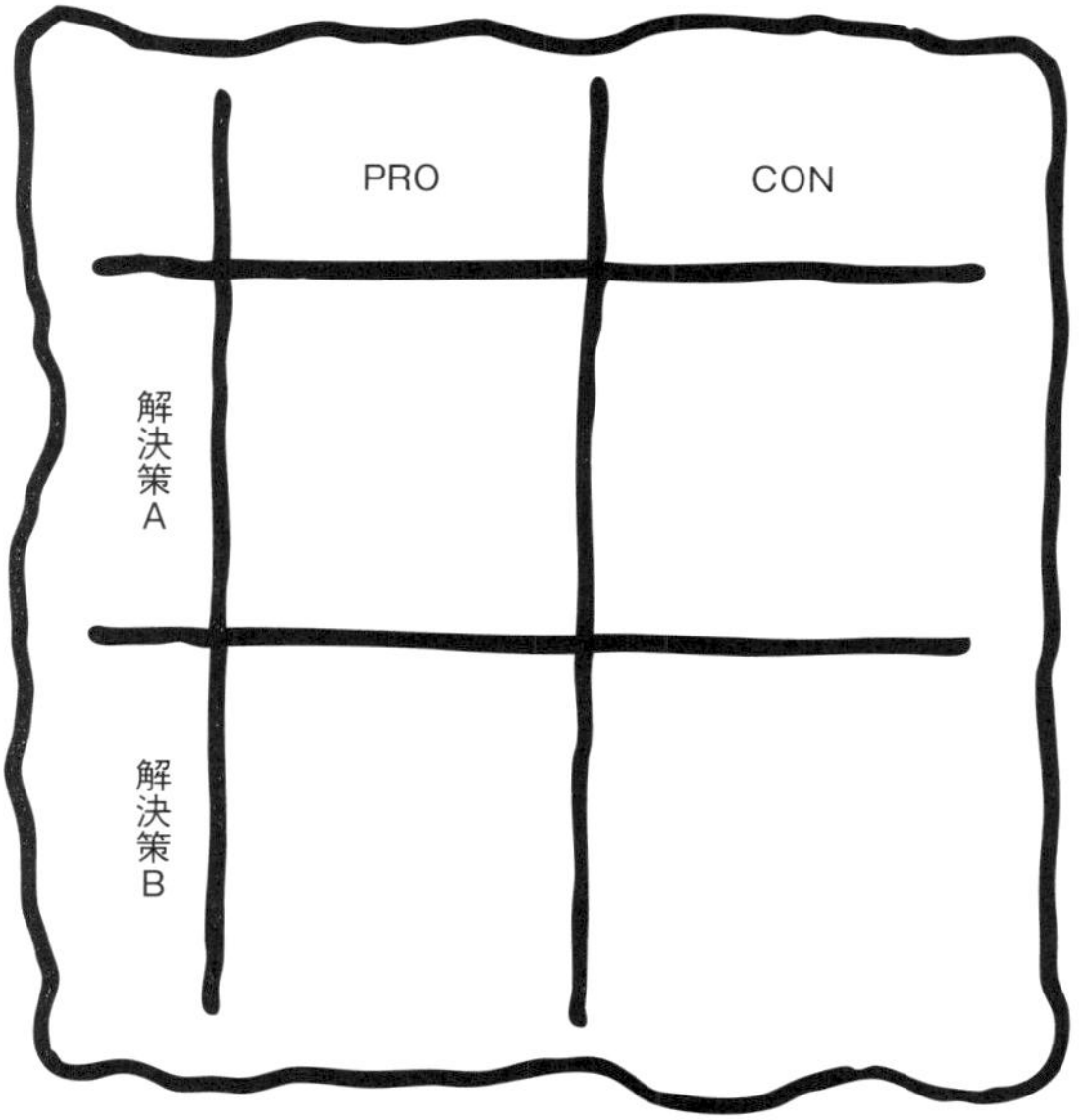
PRO
CON
解決策A
解決策B

の二つを考え、それぞれを選んだ場合の、よい点と悪い点を書き出し、検討することにします。

ダウンサイドリスクが大きいことは、慎重なうえにも慎重に！

このとき、どのように検討するかというと、問題の特定のところでご紹介したツールが、再び使えます。

まず、前の章でもご紹介した**ダウンサイドリスク**の検討。

覚えていますか？　**失敗したときに最大限被る損害**のことです。

ダウンサイドリスクが小さいことに関しては、すばやく、どんどんやってみればいい。で、失敗したらまた元に戻ってきて、次のことをやってみる。

たとえば、社内研修のプログラムづくりのようなことなら、失敗しても、そんなにリスクはありませんね。そういうことに関しては、くどくど考えずにどんどんやっていかないと、会社のリズムが狂ってしまいます（人生も同じですね。リスクの小さなことなら、ごちゃごちゃ考える前にやってみる。そのほうが成長はずっと速まりますし、第一、楽しい、おもしろい！）。

ただし、ダウンサイドリスクの大きいこと、たとえば、社運をかけた買収だとか、多額の投資を伴う新製品の開発や新規店の出店、あるいは、業態を百八十度変えてしまうような会社の変革とか、中国に進出する、あるいは中国に進出していた工場を閉鎖するなどといったこと、あるいはリスクそのものが読めないようなことに関しては、慎重なうえにも慎重に考えないといけません。

プロコン・リストをつくり、よい点と悪い点をどんどん書き出し、それぞれの重要度とダウンサイドリスクをみんなで話し合います。重要度を5段階評価でつけていき、そして、ダウンサイドリスクを分かる範囲で書き出していくのです。

たとえば、今回のイタリア文具のケースだと、A案の「百貨店用高級ブランドをつくる」という戦略は、現在のディスカウントショップ用商品と百貨店用商品の双方で売上を伸ばす可能性があります。また、現在のブランドとまったく切り離した高級ブランド（たとえば花王のアジエンスのように）であれば、プロモーションのやり方や商品の内容を大きく変えることにより、ディスカウントショップ向けに流れている既存ブランドからの影響を最小限に抑えることも可能かもしれません。

しかし、ダウンサイドリスクとしては、上位の高級ブランドができたせいで、現在のブランドの価値が落ちて、既存ブランドが売れなくなるリスクはあります。そして、開発コストや海外での同社製品への影響もダウンサイドリスクとして考えなければなりません。

もちろん、これも仮説ですから、できるだけほかの事例などを参照して検証する必要がありますす（それでも実行してみなければ結果は分からないところは、やっぱり残ります）。

社長であってもひとりで決めない！

いま、プロコン・リストづくりに際し、「みんなで話し合う」と書きましたが、ここで重要なのは、ひとりで考えないことです。それには、二つの理由があります。

まず、**複数の視点で考えるほうが、ひとりで考えるよりすぐれた結論を出す**ことができるからです。ひとりは、ひとりの限界を超えません。わたしだってそうです。偉そうなことを言っていますけれども、わたしがわたしの能力を超えるということはありません。けれども、ほかの人は、常にわたしとは違う視点を持っています。

みんなで話し合うというのは、多数決で決めるということではありません。最終的に決断するのは、責任者です。話し合う相手が、社内の人の場合はもちろん、コンサルタントであっても、社外の友人であっても、それは変わりません。最終的に決めて、その結果に対して責任をとるのは、あなたが社長なら、あなたです。あなたが決めて、あなたが責任をとる。でも、検討の段階では、できるだけ多くの視点が加わったほうがいい。

たいていの場合、複数の目が入ることで、プロコン・リストにも見落としがあることが発見されます。自分が思っていることというものには、結構見落としがあるものなのです。

ひとりで決めないで、みんなで話し合ったほうがいいもうひとつの理由は、**その話し合いの過程のなかで、みんなが納得していく**ことにあります。これは、後半に出てくる解決策の実行とも大いに関係します。したがって、このメリットは、話し合う相手が社内の人である場合に限られます。

実際の経営では、このメリットが実は非常に大きいと思います。いくら正しい結論でも、すばらしい戦略でも、それが自分のまったくあずかり知らぬところで決定して、突然、降ってわいてきたかと思うと、こうしろと言われる。それで、はい！　かしこまりました！　と全力投球できるのは、上官の命令には絶対服従の軍隊だけでしょう。

一般の会社では、部下の人たちは、口では「はい」と言っても、さらに、頭ではそうしようと思っても、気持ちと身体がついていけないのがふつうです。

そうやって、みんなが納得していないうちに新しいことをいきなり断行し、あげくのはてに失敗したら、たいへんですね。経営者としての存在意義を疑われることにもなりかねません。

繰り返しますが、みんなで話し合ったからといって、必ずしも、みなの意見にしたがわなくてはいけないわけではありません。**決めるのは、責任者**であるあなたです。でも、その**話し合いの過程に加わった人は、参加意識を持ちます**。それが、最終的な決定に対する支持と行動を生みます。そのことが、決定事項の成功確率を上げます。

というわけで、解決策の決定には、みんなで、プロコン・リストをつくって、いい面と悪い面を書き出して、重要度やダウンサイドリスクを推測していきます。そのうえで、いくつかの選択肢の中から解決策を決定することをお勧めします。

ディシジョンツリーで、期待値とダウンサイドリスクを計算する

解決策の策定の手法として、**ダウンサイドリスク**とあわせて、**ディシジョンツリー**をつくることもよくあります。

これは、ひとつの解決策に対して、Ａということが起こる確率、Ｂということが起こる確率をあらかた考えたうえで、Ａが起こった場合には、このくらいの利益が出るが、Ｂということが起こった場合には、このくらいの損失が出ますという具合につくっていくツリーです。

ＵＤＥのときの**ツリー**は、縦につくっていきましたが、こちらのディシジョンツリーは横につくります。決定したことに対して、うまくいく確率とその結果がどういうふうに出てくるかを、さまざまな場合を想定して見積もり、総合的に期待値がどのくらいかを計算するわけです。

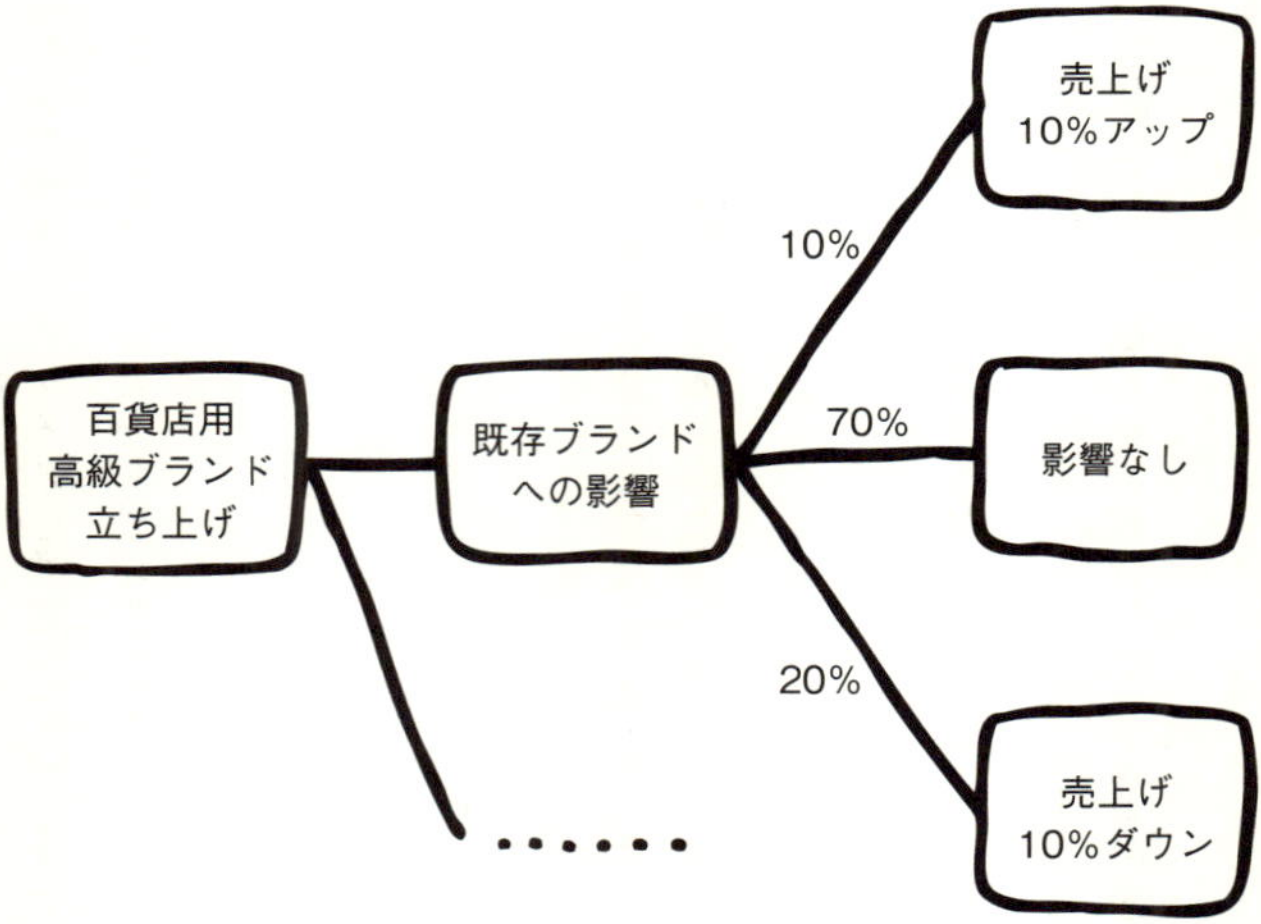
百貨店用
高級ブランド
立ち上げ
既存ブランド
への影響
10%
70%
20%
売上げ
10%アップ
影響なし
売上げ
10%ダウン
……

たとえば、先ほどの例では、百貨店用の新高級ブランドを立ち上げた場合に、十％の確率で、ディスカウントショップで展開する既存ブランドの売上げが一割上がる、七十％の確率で既存ブランドには影響なし、二十％の確率で既存ブランドの売上げが一割落ちる、といった具合です。

ただし、期待値だけでは危険です。ダウンサイドリスクも考える必要があります。確率は非常に低いが（たとえば一％ぐらいの確率）、会社を揺るがすような大損失が発生する可能性があるとしたら、あなたなら、どうしますか？

これについては、正解はありません。経営者のリスクに対する感性の問題だともいえます。たとえ一％の確率でも、大損失が見込まれるようなことは絶対しない経営者もいれば、大失敗の確率が十％あっても、アップサイド（期待できる利益）がよければやろうという経営者もいます。

余談ですが、リスクを積極的にとっていこうとする人のことを、リスクテイカー（Risk Taker）、ふつうの人よりもリスクを回避しようとする人のことを、リスクアバーター（Risk

Averter）といいます。これは、性格によるところも大きいので、どちらがいいとは言えませんが、ダウンサイドリスクが非常に大きいことに関しては、それがどのぐらいの確率まで許容できるかというのを、ディシジョンツリーをつくって試算しておくべきでしょう。

もちろん、ここでいう確率自体がすでにひとつの仮説、想像にすぎませんから、ほんとうのところは分かりません。でも、分からないなりに、過去のデータや他社事例を調べ、ある程度のディシジョンツリーをつくることはできます。

たとえ不確定要素が多いとしても、それぞれの場合の対応策をあらかじめ考えておけますし、ある意味「覚悟」を決めることができますから、つくるとつくらないのとでは、解決策実行時の成功の確率は、まったく違います。

あなたならどうする？　ケーススタディ初級編！

では、ここで、これまでに出てきた手法を使って、次のケースを考えてみましょう。イタリア文具メーカーのケース1を入門編とすると、こちらは、初級とでもいいましょうか。

たしかに悩ましい。でも、現実には似たようなケースがたくさんあると思います。

ケース❷

日本海製造は、ニットのメーカーです。従来は、有名ブランド七社のOEM（他社ブランドの製品の製造）が売上げの百％を占めていましたが、粗利率が二十％と低く、十億円の売上げに対して、営業利益は一千万円にとどまっていました。

OEM生産では、ブランド販売会社によって決められた仕様によって製品を製造しますが、品質の高さが求められるのに比して利益率が低いため、日本海製造では、二年前に自社ブランドを立ち上げて製造を開始し、二百店ほどの小売店や百貨店などへ卸すようになりました。

自社ブランド品は、有名ブランド品ほどの小売価格はつけられませんが、粗利率は四十％程度になります。

日本海製造としては、自社ブランド製品の販売を伸ばしたいのですが、これ以上、自社ブランドの売上げを増やせば、OEMの顧客である有名ブランドと競合する状況も多くなり、現在でも、売上げの九十％以上あるOEM生産の売上げを落としてしまうことにもなりかねません。

事実、有名ブランドのなかには、日本海製造との取引を見直すかもしれないと、暗に圧力をかけてきているところもあります。

また、自社ブランド品は、OEM製品と異なり、原材料、完成品の在庫を持たなければならず、売れなかった場合のリスクもあります。

財務的にも、バブル期に投資に失敗したこともあり、これ以上銀行から借り入れはできない状況です。

現在の売上高は十一億円。そのうち一億円が自社ブランドで、そのおかげもあり、営業利益は三千万円になっています。

このような状況で、日本海製造は、今後どのような戦略をとればいいでしょうか?


さあ、あなたがこのケースのコンサルティングを依頼されたら、どうしますか?

ここまで読んできてくださった方なら、さすがに、すぐさま直感で、OEMはいやだから自社ブランドを拡大するとか、逆に自社ブランドはやめるとか、決めてしまう人はいませんね？

そうです。このケースもやはり決定するには、情報不足です。調査が必要です。
では、何を調査するのか？　何が必要ですか？　少し考えてください。

分かりましたか？

では、ちょっと整理してみましょう。
まず、このケースの「問題」は何か？

そう、利益を拡大し、安定して売上げを伸ばしていくうえで、今後、自社ブランド製品とOEM製品の比率をどのくらいに持っていくべきか？　早い話が、自社ブランド製品の生産を増やすか、減らすか、現状維持とするか？　ということです。ただし、財務的な制約も見逃せません。
それでは、それぞれについて、プロコン・リストをつくってみましょう。

自社ブランド製品を増やしていくことのよい点と悪い点。
逆に、いままでどおりOEM中心でやっていくことのよい点と悪い点。

●自社ブランド化のよい点（プロ）

①利益率ひいては利益のアップ。それは、②財務改善につながりますし、③新たな設備投資もできる。さらに、④下請けからの脱却で従業員のプライドも上がるでしょう。

●悪い点（コン）

①OEM先に切られるリスク（このダウンサイドリスクは大きい）、さらに、②原材料や在庫の資金負担、それにプラスして③売れ残りのリスクということになります。また、④従来は必要のなかった小売店への営業や広告が必要となります。

●OEMを続けるよい点（プロ）

①原材料、製品在庫の資金負担がかからない。②売れ残りリスクがない。③小売店への営業が不要。さらには、④少なくとも当面、現状を維持することはできます。

●悪い点（コン）

①儲からない。これでは、②財務改善や新しい投資がなかなかできません（今後金利が上がったら、さらに利益が減る可能性があります）。③売上げや将来の成長がOEM先の状況に左右される。

では次に、ディシジョンツリーにしてみましょう。

まず、自社ブランドを拡大するかどうかです。その場合、自社ブランドが成功する確率。自社ブランドを拡大し、それぞれ成功、不成功の場合に、OEM先から切られるかどうかの確率。自社ブランドが成功すればするほど、OEM先から切られる確率は高いかもしれません。その際に期待できる利益額、あるいは損失額を推定します。

すると、確率を考えようにも、あまりにも情報不足であることに気づきますね。自社ブランドを立ち上げた場合の成功の確率といっても、そもそもどの程度の商品力、ブランド力なのかが分からない。

したがって、最初に調査したいのは、自社ブランドの認知力、商品力。あわせて、競合他ブランドの調査も行います。

次に、自社ブランドを拡大していった場合の最大のリスク、OEM製品の発注メーカーの出方に対する調査も重要です。すべてのメーカーが、それならばおまえのところには発注しないと言い出したら、死活問題。つぶれてしまいます！

さらに心配なのが資金の問題。これもダウンサイドリスクの大きい事柄です。自社ブランドを拡大していくとなると、必要なのは資金です。当然、在庫や売れ残りリスク、さらに、OEMをある程度切られて、どこまで耐えられるのかの自社の財務状況をもう一度精査します。最悪の場合、どこまで持ちこたえられるのか？　これは、自社ブランド成功の確率と、OEMを切られる確率に影響を受けます。

実際のディシジョンツリーは、最低でもいま挙げた調査の結果が出てからでないと、書いてもあまり意味がないように思います。そうです、それを事前に調査するということになるわけです。

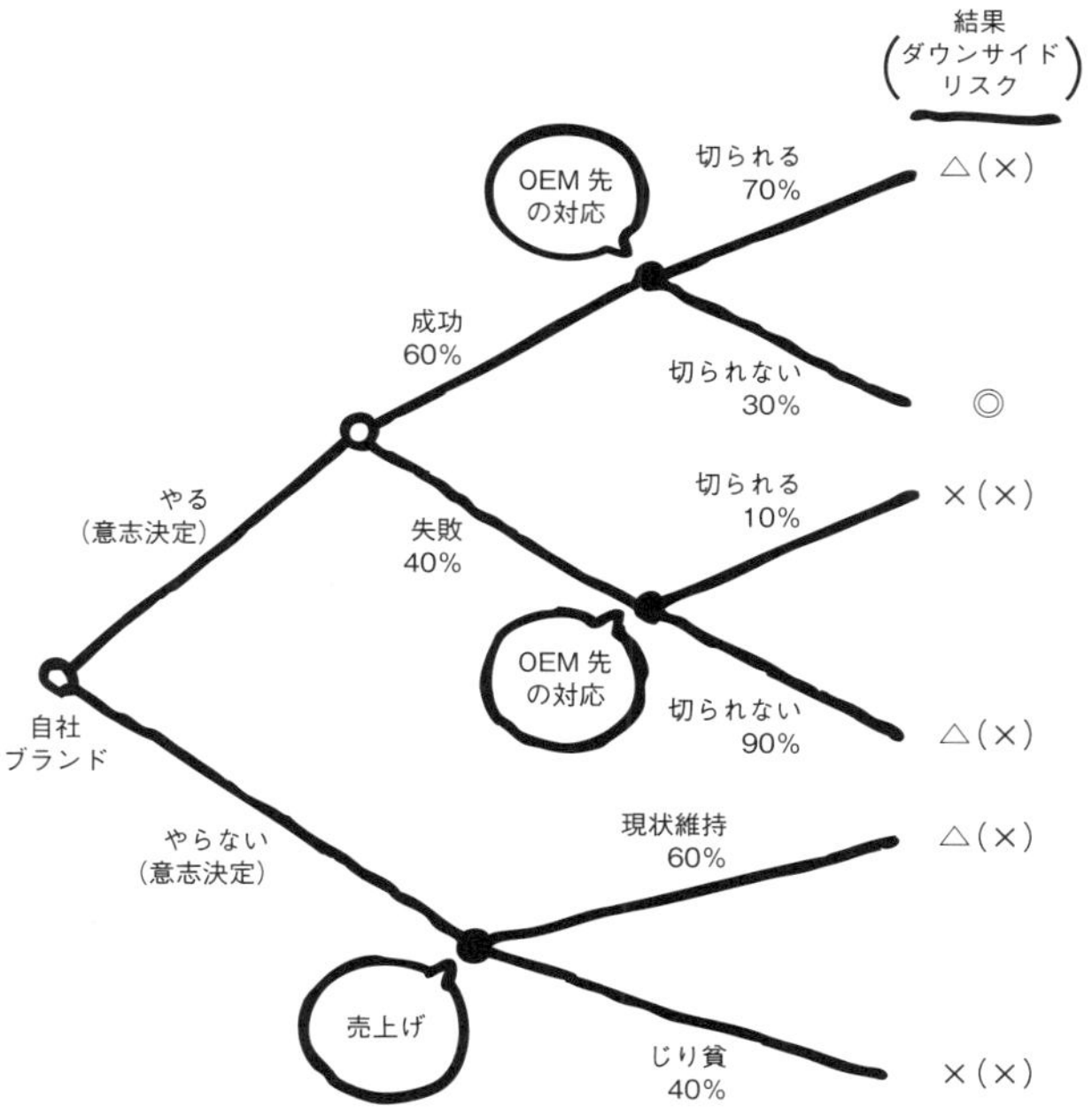
結果
（ダウンサイドリスク）
OEM 先の対応
切られる 70%
△（×）
成功 60%
切られない 30%
◎
やる（意志決定）
切られる 10%
×（×）
失敗 40%
OEM 先の対応
切られない 90%
△（×）
自社ブランド
やらない（意志決定）
現状維持 60%
△（×）
売上げ
じり貧 40%
×（×）

確率は調査の結果＋推測

では、ＯＥＭ先に対する調査の結果、自社ブランドをがんばってやってもいいよと言ってくれるところがいくつかあった場合。この場合もやはり、引き続き、受注可能な売上げを試算したうえで、自社ブランドの成功と失敗の確率と財務状況などの試算をします。

この場合、ヒアリングの結果、ひょっとしたら、共同で新しいブランドを開発していこうと言ってくれるＯＥＭ先も現れるかもしれません。その場合は、また、新しい選択肢が増えます。

とまあ、こんな具合に、調査し検証しつつ、ディシジョンツリーを完成させていきます。そして、選択肢のなかから、最終的に何をするのがベストかという選択をするのです。

前の章でお話しした**調査をすることの重要性**が、このケースでも大切なことがお分かりいただけたと思います。

占い師とコンサルタントを分ける「仮説検証」

一倉定先生という大正生まれの有名な経営コンサルタントがいらっしゃいます。もう亡くなられましたが、いまでもその人柄と徹底した現場主義で、全国にファンがいます。

その一倉先生の有名なことばのひとつに、「アイデア社長が会社をつぶす」というのがあります。直感で、それも、自分が知っているわずかな経験とわずかな前提のもとで、重要な経営判断をしてしまうことを戒めることばですが、いまもそういう経営者やコンサルタントが少なくないのは事実です。

でも、それは、先の章でも触れたように、占い師がやることとです。占いとコンサルティングの違いは、実はそこなんです。そことはどこかといったら、**直感か、仮説か**、です。


「すべては仮説である」、という前提でものごとを考える。仮説である以上、検証が必要です。**仮説と検証、その繰り返しのなかで、成功確率を高めて失敗確率を減らす**、それが、経営コンサルタントの仕事であり、経営者の仕事、そして、すべてのビジネスマンの仕事だと思います。

そしてできるだけ正しい、確率の高い答えを出すためには、そのための調査が必要です。といっても、すべての仮説を検証することはできません。時間の制約も、費用の制約もあります。すべてのことをやったからと言って、百パーセント分かるわけでもありません。

ただし、**失敗確率を下げる（＝成功確率を上げる）ことはできます**。それが、仮説検証です。いったんゴーしてしまったことでも、すべてが仮説である、という認識に立てば、その仮説と結果を検証し、次の仮説に生かすことができます。次の失敗確率を下げ、成功確率を上げていくことができます（それをほんとうの「経験」というのです）。

技は時間の節約！

この章でご紹介したプロコン・リストやディシジョンツリー、その前の二つの章でご紹介したＵＤＥ、緊急度と重要度の四象限のマトリクスなどは、すべて、すでに多くの人に活用されている「問題解決」の基本的な手法、言い替えれば、先人たちが考案し、工夫し改善してきた「技」です。

一つひとつは、特別なことではありませんし、これらの技をご存じない方でも、現場の問題解決の場では、自然に似たような思考方法をとっていることでしょう。でも、最初からそのツールを使っていければ、もし知らなかったら費やすであろう多くの時間を節約することができます。そして、「問題」というのは、その多くが、時間との戦いです。

時間が味方になる場合と敵になる場合、あるいは、薬になる場合と毒になる場合という書き方を最初のほうでしましたが、「解決」すべき問題というのは、たいていは、時間が敵となり、毒となる問題です。「問題解決」では、時間というのは、大きな制約条件なのです。だとしたら、こうした技をたくさん持っていたほうがやはり有利です。

腕のいい経営者やコンサルタントというのは、そういう技をたくさん持ち、状況に応じて、適切に使いこなしている人のことだともいえます（ただ知っているだけで、使いこなせていない人もたくさんいますが……）。

すなわち、**「技」は、時間を節約します**。

ビジネスにおいて、経営において、百パーセントはありません。どんなに盤石に見える戦略にも不測の事態は必ずありえます。けれども、多くの技を持ち、経験を積んでいくことによって、失敗の確率を下げていくことはできます。少なくとも、失敗の際のダウンサイドリスクを小さくすることはできます。

ここまでに挙げた以外の代表的な「技」については、第六章でご紹介しますので、そちらをご覧ください。

この章のまとめ

1 解決策を直感で決めない。

2 複数の目を活用する。ただし、決めるのは、リーダー。

3 ダウンサイドリスクを計算する。

4 すべてを仮説と考え、検証し続ける。

5 分解ツールは、問題解決までの時間を節約する。

第5章
問題解決の実行

問題は解決しないと意味がない

さて、ここまでで、

1　さまざまな現象のなかから問題を特定し、

2　そのなかで、優先順位を付け、

3　根本的な問題（＝真の原因）を特定し、

4　解決策を策定する

ところまで来ました。いよいよ、解決策の実行です！

ところが、ここまでのところで終わってしまって、すっかり問題が解決されたような気になってしまう会社がたくさんあります。コンサルタントは、だいたいここまでやって、プレゼンしておしまいですし。

いうまでもなく、問題解決というのは、解決されてこその問題解決であって、解決しなければ意味がありません。（だから、わたしは長期契約の顧問先を持ち、実行されるまで付き合うのです）。

ここからは、問題解決の実行のための方法をお話しします。

実行プランを立てる

まず、プロジェクト計画書をつくります。

プロジェクト計画書にまず必要なのは、**最終的なゴールと現状を数値で表したもの**です。ともに、メジャラブル（計測可能）なものでなければなりません。

そうでないと、**ゴールと現状とのギャップ**が認識できませんし、以後の具体的な計画を立てることも、進捗状況や達成度を測ることも、仮説を検証することもできません。

また、ここで重要なのは、何を成し遂げれば、問題解決なのかということを、メジャラブルなゴールという形ではっきりさせ、それを**関係者の全員が納得している**ことです

みなの納得がない限り、以後の計画は結局、最後まで実行されないで終わります。

計画書には、ゴールから逆算して、何月何日までに何をするかという具体的な施策を、**期日を明確にして、できるだけ細かく書きます**。そして、その**施策を実施した場合の数値的な目標**もです。そうしないと、その施策が実行されたかどうかが分からないからです。

数値的な目標が分かりにくい場合（たとえば、○○の調査）といったような場合には、次善の目標として、とにかくやったかやらないかが分かる目標を設定します。次に、**責任者**、**予算**を書き入れます。

また、問題解決のプロジェクトは、ほかの経営のプロセスと同様、ゴールに基づく**資源の最適配分**が重要です。**資源とは、ヒト、モノ、カネ、時間など**です。

したがって、具体的な実行プランのひとつずつの項目について、誰を担当者にするのか、予算をどれだけつけるのか、それから時間はどれだけあてるのかが重要なポイントになります。この割り振りを間違えると、おそらく、プロジェクトはうまくいきません。

というわけで、解決策の実行プランにおいて重要なのは、次の五点になります。

1　ゴールと現状のギャップの確認と共通認識
2　計測可能なゴール
3　ゴールから逆算し、細分化した細かい行動計画
4　いつまでに（期日）、だれが（責任者）、何をどれだけ（数値化）やるか？
5　資源（人、予算、時間）の最適配分

No.

プロジェクトリーダー：

プロジェクトメンバー：

作成日：　　年　　月　　日

作成者：

プロジェクトの目的・対象範囲	プロジェクトのゴール（達成課題）	
		開始　　年　　月　　日
		終了予定　　年　　月　　日

プロジェクトの概要・位置づけ

プロジェクト計画

作業No.	作業内容	担当者	責任者	成果物	／	／	／	／	／	／	／	／	／	／	／	／
	各項目のチェック															

「PERT による工程管理」
Program Evaluation and Review Technique

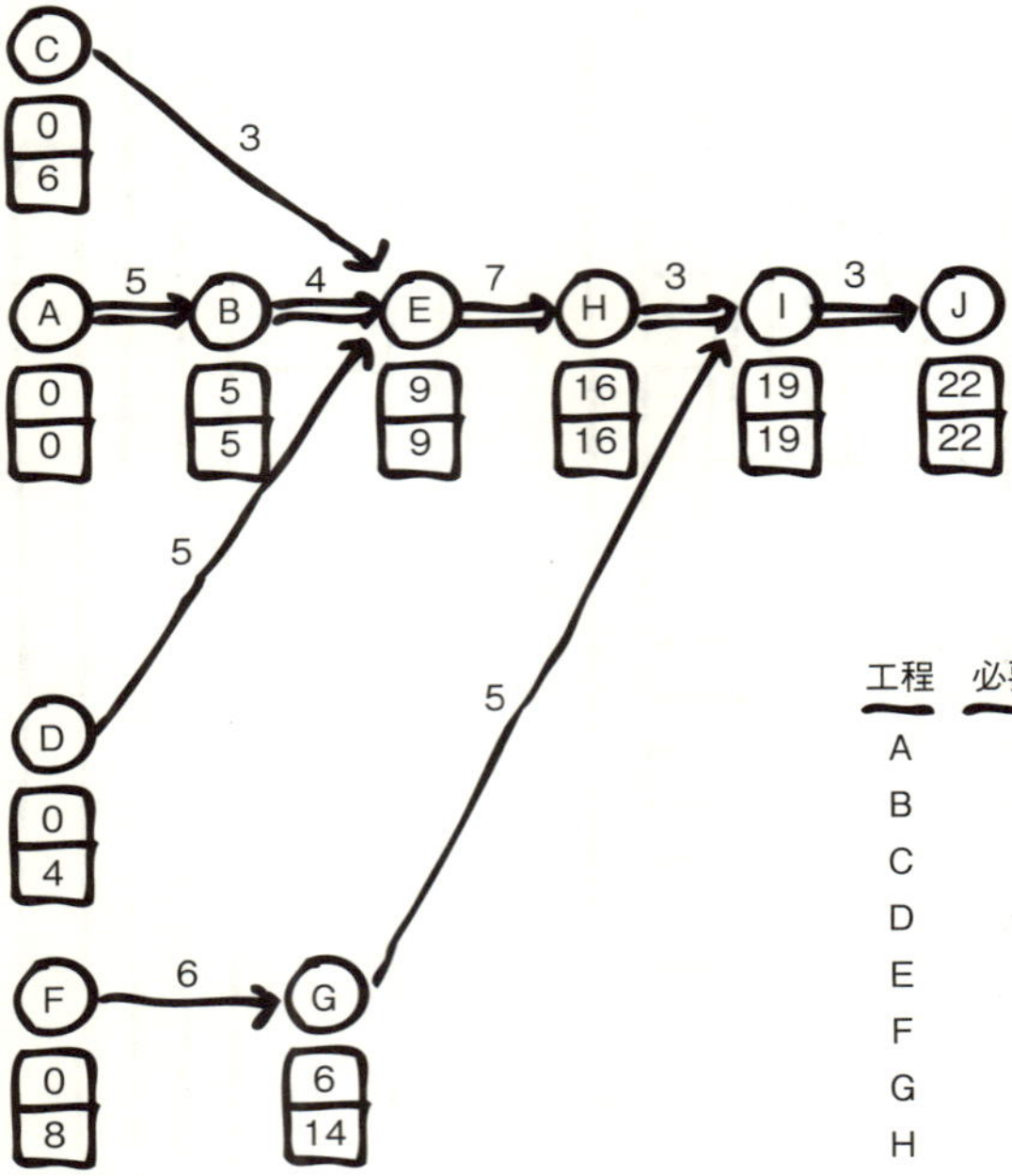

工程	必要日数
A	5
B	4
C	3
D	5
E	7
F	6
G	5
H	3
I	3
J	1

⇒「クリティカルパス」

パート図を活用する

複雑な工程を伴うプロジェクトでは、パート（PERT）図というのを書きます。工程計画・管理手法のひとつで、プロジェクト全体を構成する複数の工程の相互依存関係をネットワーク図にして、その効率化を図るもので、これも便利なツールのひとつです。

たとえば、あることを実行するのに、AからJまで十の工程を行わなければならないとします。それぞれの工程に必要な日数は図のとおりです。また、それぞれの工程の前工程として必要な工程の関係も図示してあります。たとえば、Aという工程をやらないとBという工程に進めない、一方、CとDは同時に進められるといった具合です。

図のなかの数字は、上段が最速の開始日、下段が最遅の開始日です。それぞれの工程の関係と、必要日数から計算していきます。

この図の中で、最速開始日と最遅開始日、つまり、上段と下段の数字が同じ工程を結んだプロセスを「**クリティカルパス**」と言います。図では二重線で示してあります。

クリティカルということばには、批判的な、という意味以外に、「**危機的な、決定的な**」

という意味があります。この場合のクリティカルはもちろん後者です。なぜ「クリティカル」かというと、クリティカルパス上の工程が遅れると、全体の工程が遅れるからです。全体の工程の日数を左右しているのです。

クリティカルパス上以外の工程は、最速日と最遅日内のどこかの日から開始してもだいじょうぶです。

しかし、この場合も、たとえば、図のなかの工程EとFとで同じ機械を使うなど、資源がバッティングする場合には、Eはクリティカルパス上にあるため日数の融通が利かないので、Fの開始日を調整します。

最遅でも、三日目（つまり終了日が九日目）とする必要があります。十日目以降も工程Fを行っていれば、Eで機械が使えなくなり、全体の工程が遅れるからです。

こんなふうに、結構複雑に相互依存し、かつ資源がバッティングするような場合には、PERT図を描くことにより工程管理がやりやすくなります。

このPERT図もツールです。ツールが使えると、ものごとが分かりやすくなりますね。道具ですから。

実現の要は、検証と検証の責任者！

さて、実行プランができあがっても、それがそのとおりに実行されて、無事問題解決！といくとは限りません。というより、いかないほうが多いというべきでしょう。成功確率を上げるには、**検証が必要で、そのコツは検証の責任者をもうける**ことです。たいてい、実行の責任者は置いていると思いますが、検証の責任者を置いている会社は少ないものです。

プランというのは、すべて仮説です。計画書で立てた細かなステップごとに、仮説を検証し、再度仮説を微調整しながらやっていくことによって、精度が上がります。ところが、検証やその進捗のチェックを実行部隊に任せると、時間の制約のなかで、ともすれば検証は後回しにされてしまいがちです。すると、精度が上がらない。その結果、いつまでもがんばっているだけになってしまって、やがて疲弊してしまうわけです。

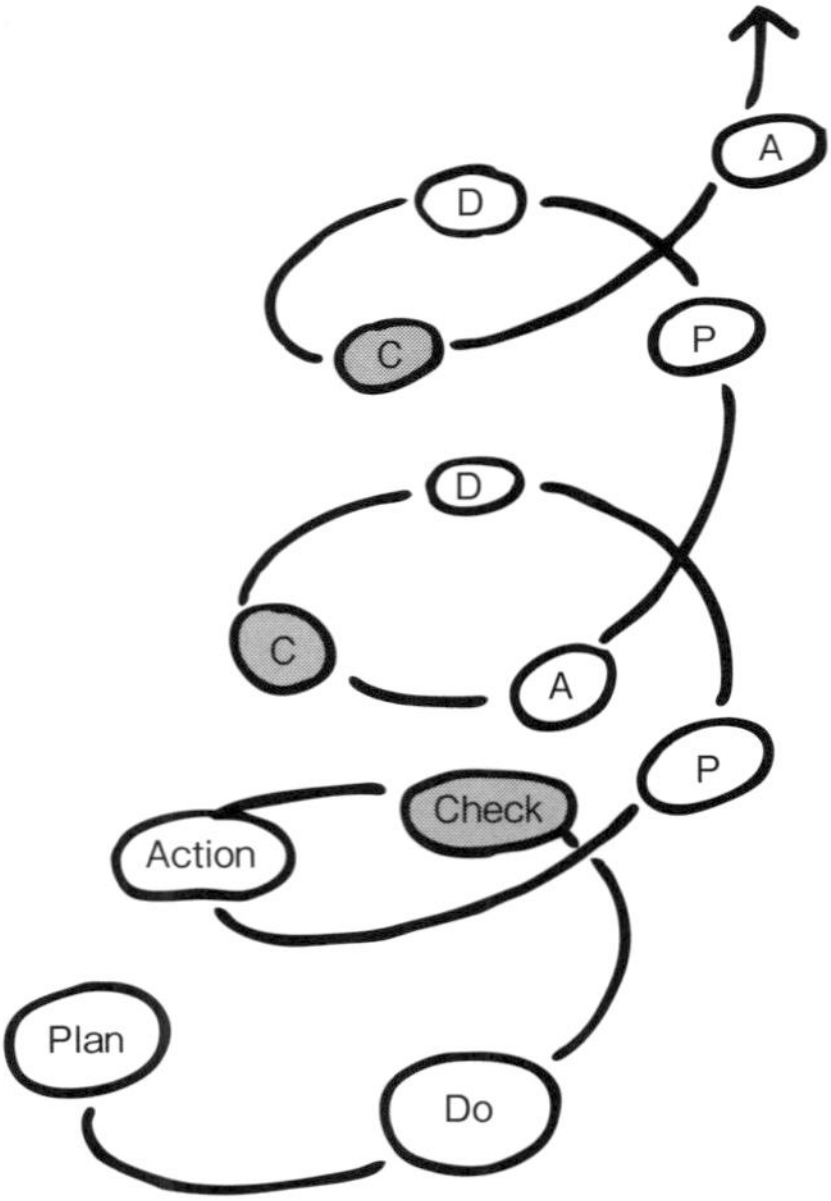

Plan ➡ Do ➡ Check ➡ Action

この、計画から、実行、検証、改善のプロセスを、ＰＤＣＡサイクルといいます。**Plan（計画）、Do（実行）、Check（検証）、Action（改善）のＰＤＣＡ**です。

サイクルといいますが、正確には螺旋です。ＰＤＣＡを繰り返しながらどんどん上に上がっていくイメージです。ところが、ＣのCheck（検証）がないと、上に上がっていけないのです。

場合によっては大きな調整が必要な場合もありますが、とにかくどんどん検証していかないと、調整ができません。調整の前提はきちんと検証ができていることです。がんばることは大切ですが、やみくもにがんばるだけでは、人生もビジネスもうまくいきません。

人を動かす

さて、いよいよ、問題解決のための実行プランができました！　ＰＤＣＡサイクルの検証の担当者も決めました！　いよいよプレゼンです。

コンサルタントや会社のプロジェクトチームのリーダー、あるいは社長が、問題の特定から解決策の策定、実行プランまでを、分かりやすく図表化し、こうなっています、だから、こうすればいいんですよと、発表します。すると、みんな、なるほどという顔をして聞いています。

そこで、思います。「よし！　分かってもらえた！　これで、今日からみんな動き出すぞ！　変わるぞ！」と。

ところが、聞いている部下の側は上司に対し、内心こう思っているのをご存じでしょうか？

「あんたやれよ」

だから当然、何も変わりません。

よしんば、その場は大いに盛り上がって、「よし！　がんばろう！」と思ったとしても、会議室を一歩出た途端——元に戻ります。

ビジネスマンの「解決力」と学校の勉強のいちばんの違い、あるいは、個人の仕事とチームの仕事のいちばんの違いが、ここ、「人を動かす」ということです。

多くの人は、解決のための答えを出せたらそれでいいだろう、それを上手にプレゼンできたらいいだろうと思うかもしれません。問題解決の本の多くも、そこで終わっています。

でも、それは学校の試験の問題であって、現実の問題解決ではありません。

現実のビジネスの問題解決は、全従業員や事業部の全員が、実際に実行していくものだからです。

ですから、もっとも大事なのは、**決めたことを実行させられるかどうか**。言い方を替えると、メンバーの**モチベーションをどれだけ高められるか**、です。すべては、ここにかかってきます。

「意味」より「意識」

では、どうしたら、人は動くのか？　どういうときに、人のモチベーションは上がるのでしょうか？

そのひとつは、**人から言われるのではなく、自分が考えたものとして**、これが解決策だ！　これを自分がやらなければ！　と思えるときだと思います。心からそう思えたとき、人は動きます。

それは、「**意味**」**の問題ではなくて**「**意識**」**の問題**です。実行プランは「意味」なのです。それだけを単に伝えてもダメです。どんなに正論を言っても、人は動かない。

人は、意味の共有ではなく、意識の共有によって動くのです。

意味だけの付き合いをしている限り、どんなにいい解決策でも、「すばらしいですね。では、がんばってください」になってしまいます。

前の章でも書きましたように、複数の人で考えたり、みんなでディスカッションすることをお勧めするのは、そのほうがアイデアが出やすいからだけではありません。むしろそれより、その過程において、意識が共有されるからです。仲間、あるいはチームとしての意識の共有です。その過程で、モチベーションが醸成されていくからです。

ですから、もしあなたがリーダーだとしたら、そうした過程で、「わたし、この部分の責任者やります」「ぼくがこちらの部分をやります」と自分の責任として言ってくれる人をどれだけつくれるかです。あなたと同じくらいの問題意識をどれだけ多くのメンバーと共有できるかで、問題解決の成否が決まります。

この章のまとめ

1 実行プランを立てる。
2 ＰＤＣＡサイクルが機能する要は、検証の責任者をもうけること。
3 解決策の実行でもっとも重要なのは、みんなをやる気にさせること。
4 人は「意味」ではなく、「意識」の共有で動く。

第6章

問題解決、コンサルタントの「技」

解決力の三つのポイント

この章では、コンサルタントが用いる、問題解決の大技、小技の代表的なものを、企業秘密に抵触しない範囲で（！）、厳選してご紹介しましょう（といっても、そんなに秘密のものはありません。はさみなんてだれでも持っていますね。でも十分使えるかどうかは「腕」の部分が、かなりを占めるということを忘れないでください。腕を上げるには実践で使うことです）。

その前に、問題解決の基本の三つのポイントから。

1　データを収集する
2　分解して考える
3　ツールを活用する

1の「データの収集」については、これまでの章で具体的にお話ししてきたので、お分かりですね。データ収集に関して大事なことを復習すると、次の三つになります。

- **ともかく、直感、思い込みを避ける（占い師ではない）。**
- **つまり、「事実」と「仮定」を分ける。**
- **仮説を立てるために、必要なデータを収集し、検証する。**

２の「分解して考える」。これが、問題解決の基本です。これまでお話ししてきた、ロジカルツリーも、ＵＤＥも、緊急度と重要度のマトリクスも、ディシジョンツリーも、ＰＥＲＴ図も、すべて、**複雑に絡み合った現象を分解し、そのなかから、問題と原因を特定し、問題解決法を策定するための方法、すなわち、ツール**だったわけです。

というわけで、問題解決のプロとは、まずは、この分解して考えるためのツールをどれだけ持ち、使いこなしているか、ということになります。そこで、これから、これまでにも挙げてきたものも含めて、いくつかのツールや考え方をご紹介しておきましょう。

基本中の基本、マーケティングの5P！

ビジネスにおける「問題」、少なくとも表面に出てくる好ましくない現象とは、要するに、売上げが上がらない、利益が出ない、モノが売れない、ということだと思います。サービスを提供して、その代価を得るのが、ビジネスなのですから当然でしょう。

したがって、ビジネス上の問題解決のほとんどに、いかにモノを売るかを考えるマーケティングの各種分解ツールが用いられます。

そのなかでも、基本中の基本が、**マーケティングの5つのP**。

Product（商品）のP
Price（価格）のP
Place（流通）のP
Promotion（販促・宣伝）のP

ここまでは、多くの方がご存じだと思います。実際、従来はここまでで、マーケティングの4つのPとよばれてきました（これまでの章でも、4Pとしてご紹介してきました）。

ところが、最近は、5つのPといわれます。新しく加わったP、分かりますか？


5つめは、Partner。

要するに、どこと組むかということです。


この5つのPを、どのように、問題解決のツールとして使うかというと――。

対象の「問題」がマーケティングの問題だとしたとき、この5つのPを切り口に、現象を分解して、一つひとつ検討してみるわけです。

たとえば、いまの時代だったら店を持たずにネットで売ったほうがいいのか、問屋を通せばいいのか、逆に、店を出せばいいのか、というプレイスの問題なのか。

あるいは、もっと宣伝広告にお金をかけるべきなのか、どの媒体がいいのか、などといったプロモーションの問題なのか。

もちろん、それぞれ必要な情報は収集します。で、その結果、プライスの問題だと分かったら、次は、プライス理論をもとに検討しよう、となるわけです。

ここで、ついでに、**プライス理論**の一部について触れておきましょう。価格の上限と下限は、どうやって決まるのかということを考えたことは、ありますか？

価格には、毎日モノを買ったりすることでだれもが関わっていることと思いますが、案外、価格理論は知らないものです。これも考えるためのツールです。

まず、価格の下限。こちらは、コストから決まります。コストより低く売るということは、短期的にはあるかもしれないけれども長期的にはありえません。つまり、企業から見た視点です（コストぎりぎりで価格の勝負をしている商品は、コスト削減が重要になります）。

では、価格の上限はどうやって決めるのでしょうか？　分かりますか？

それは、お客さまから見た価値なのです。最上限を決めるのは価値です（そして、その価値のほうで勝負していく会社のほうが、コストで勝負する会社よりやはり儲かります）。

このように、マーケティングの5つのPも、問題を分解するツールのひとつとして使えます。売れない要素がどこにあるのかを分解して考えることによって、ただ「売れない」

と漠然と言っていても解決しない問題が解決しやすくなるわけです。

でも、この5つのPにしろ、わたしが考えたわけではありません。ジェローム・マッカーシーという人が一九六一年に4Pとして発表したものです。この分類のおかげで、マーケティングに関する問題がすばやくすっきりと考えられるようになりました。

もちろん、何百時間か考えれば、自分でも分類できたかもしれないけれども、最初から知っていれば、すぐに解決策へと進めます。あとから述べた価格理論なども同様です。ツールを知っていると、問題解決がしやすくなると言ったのは、こういうことです。技やツールは時間の節約になるのです。

お客さまの視点で分解、4CとQPS

ところで、マーケティングの4Pと並んで、よく言われるのが、4Cです。こちらは、ロバート・ラウターボーンという人が分類しました。**4Pが、企業側、つまり売り手側の視点の分類であったのに対し、こちらは、顧客側、つまり買い手側の視点による分類です。**

ツール（はさみ）を持っていると分解しやすくなる

Customer Value（顧客にとっての価値）のC
Cost（価格＝顧客から見たコスト）のC
Convenience（利便性）のC
Communication（コミュニケーション）のC

それぞれ、売り手側から見た、Product、Price、Place、Promotionと、呼応しているのがお分かりですね。自分たちの側からばかり見て、なかなか発見できない「売れない理由」も、同じ現象を、お客さま側からの視点という分解ツールで「切る」ことで、見えてくることがあります。

ただ、わたしは、お客さまの視点から見る場合には、4Cより、「Q、P、S」のほうをよく使います。ツールには慣れがあり、わたしには「Q、P、S」のほうが使いやすいのです。詳しくは、拙書『なぜ、オンリーワンを目指してはいけないのか？』（ディスカヴァー）にも書きましたが、「Q、P、S」も、お客さまが何を求めてモノを買うのかの分解ツールです。

Quality（質）
Price（価格）
Service（サービス）

お客さまが求めているものを、この三つの点に分解していくことで、それまで見えなかったものが見えてくることがよくあります。

天橋立のAIDMA（アイドマ）は？

さて、先日、天橋立のある団体の方たちに招かれて、講演にうかがいました。そこで、相談を受けました。どうしたら、もっと観光客に来てもらえるでしょうかと。

みなさん、天橋立の名前はご存じですね？ 日本三景のひとつ。百人一首にも詠まれています。では、何県にあるかご存じですか？ 日本地図のなかで、このあたりにあると指さすことはできますか？

関西にお住まいの方はともかく、一般には、ほかの日本三景の松島、宮島と比べてもかなり親近感が薄く、行ったことのない方も多いのではないかと思います。

では、なぜ観光地として人気が低いのか？　それを高めるには、どうしたらいいのか？

この「問題」を、マーケティングの「技」のひとつである、**ＡＩＤＭＡの法則**から考えてみましょう。

ＡＩＤＭＡというのは、

Attention（注意）
Interest（関心）
Desire（欲求）
Motive（欲求の高まり）（Memorize とされることもある）
Action（行動）

の頭文字をとったもので、人が、モノを買うに至る過程をモデル化したものです。わたしは、**モノが売れないときの解決策を考えるときに、このＡＩＤＭＡを使います。**

つまり、Attentionというのは、ものごとに注意を向けるということ、あるいは、そもそも知っているということです。そして、それに興味を持ってもらうのがInterest。Desireで、興味が欲求に変わり、そして、Motiveで欲求が高まり、最終的に、Action、購買という行動に移るわけです。

MをMotiveではなく、Memorizeとするときもあります。この場合は、記憶に残し、そして、買う、となります。

もし、商品が売れないとしたら、この流れのどこで切れているのか？　どこがボトルネックになっているのか？

ＡＩＤＭＡはそれを分解して考えるツールなのです。それを調べて、流れが切れている部分に対する解決策を考えるわけです。

では、このＡＩＤＭＡの法則を天橋立に当てはめてみましょう。

注意 Attention

まず、どこか行こうかなと思ったときに、天橋立はどうかなと思いつく人がどれだけいるでしょうか？

関西にお住まいの方ならともかく、東京の人だったらほとんど思いつかないでしょう。知らないものは買えない。そもそも、Attention がない。最初から、売れる商品のフローができていないわけです。

このためには、まず、天橋立のＰＲが必要ですね。この場合、名前だけではダメ。天橋立には、こういうおもしろいものがありますよと、分かってもらうようにしなければなりません。**Attention で切れている場合には、適切なＰＲが必要です。**

興味 Interest

そうやって、知ってもらったうえに、天橋立って、なんかおもしろそうだなと興味を持ってもらわなければいけません。

実は、わたしもそのとき講演で行くまで知らなかったのですが（大阪生まれの大阪育ちで、大学は京都だったというのに！）、天橋立は、砂洲といって、両側が海に囲まれた砂浜がずっと続いているのです。そこを一時間半ぐらいかけて歩きます。自転車も貸してくれますが、景色や雰囲気がよく、わたしは歩いてみました。ほんとうに癒されました。

これまで、与謝蕪村、与謝野晶子・鉄幹など、有名な歌人や俳人が訪れた地とあって、素人の観光客の方が気軽に俳句や短歌を詠んで楽しめるようなこともやっています。
どうですか？　これで、ちょっと興味がわきますね。Interest です。

欲求 Desire

でも、短歌や俳句好きには、次のステップ「行ってみたい」という欲求 Desire につながるかもしれませんが、ふつうの人にとってはまだまだでしょう。そのくらいでは、行ってみたい！　とはならないはずです。興味はあるけれど、欲求とまではいかない。
ふつうの人も行ってみたくなるような、欲求を高める何かが必要です。たとえば温泉というのは、欲求になります。聞くと、温泉を掘り当てたとのこと。だから、天橋立には温泉もあります。遠く続く砂の橋と温泉、これはＰＲになります。

欲求の高まり Motive

それならば、今度、京都に行ったついでにでも、一度足を伸ばしてみるか、と仮に思ったとします。ところが、調べてみると京都から二時間もかかります。で、たいていの人が思うのが、「遠い」。そんなに遠いんだったら、旅館もそれほど多くない天橋立にわざわざ行かなくたって、有名老舗旅館のある有馬温泉にでも行こうかな、となってしまう。**Desire が Motive につながらない**のです。結果、Action にはたどり着けません。

では、打つ手はないのか？

ここからが、ほんとうの問題解決です。ほんとうの「原因」を探ってみましょう。

欲求が高まらない原因を探せ！

たしかに、京都や大阪から二時間も二時間半もかかるのは、遠いといえます。

でも、グアムに行くのを、人は遠いと言いますか？

箱根は、新宿から箱根湯元まで一時間半。そこから、仙石原とか芦ノ湖まで行くと、さらに、一時間近くはかかります。あわせて二時間半。でも、東京の人は、それを遠いと言いますか？　それどころか、近いから気軽に行けていいと言うはずです。

つまり、遠いというのは、時間の問題ではないということです。その間に退屈しないかどうかです。

わたしは、その講演のために天橋立に行ったので分かりましたが、電車は、３５００系の、展望スペースもあるすごくいい車両（何しろ、電車オタクなので）。タンゴディスカバリーという名前がついていました（ちなみに、大阪からの列車は、タンゴエクスプローラーです）。でも、おもしろくないのです。乗っていた二時間、たしかに長く感じました。なぜでしょうか？

理由は、モノを売りに来ないことなのです。わたしが乗ったときも、主婦の団体がかわいそうに、どこかの駅での三分間の停車の間にホームに走って、ホームの自販機で飲みものを買っていました。車内販売がないなら、せめて車内に自販機ぐらい設置すべきです。

もしこれが、小田急ロマンスカーだったら、新宿から湯本に着くまでの間に、生ビールをワゴンで売りにきます。そのほかワイン、ウイスキー、なんでもあります。つまり、ロマンスカーで箱根に向かう人たちは、新宿を出発する瞬間から楽しめるのです。箱根湯本に着くころには、もうみんな、すっかりできあがっているくらいです。だから、楽しい。だから、だれも遠いなんて思わないのです（わたしが講演で箱根に行ったときは、周りはできあがっているのに、ひとりだけ飲めずに、残念でした）。

天橋立も、京都や大阪から二時間なんて、近い、近い。道中、盛り上がれば、おもしろい。それに、行けば、日本三景が待っています。

ただ、そのせっかくの日本三景を台無しにするような光景もありました。それは、トラックです。観光客が歩く横を、松などの木の手入れをするためのトラックが通っていくわけです。それは興ざめでした。

地元の人は、日本三景の砂州も、毎日見ているので当たり前になってしまっているかもしれませんが、一生に一度しか来ないかもしれない人が旅に求めるのは、「感動」です。観光でやっていこうというのなら、お客さまにいかに感動していただくか、常にそのことを、あらゆる角度から考えていかなくてはいけません。

そのためには、まず、観光協会の方が、実際に観光客になったつもりで砂州を歩いてみることです。実際、住んでいながら滅多に歩かないとおっしゃっていましたが、お客さまの目線から商品とサービスをいつもチェックする、これは、ビジネスの基本です。

とまあ、こんな話をして、講演を終えました。

ＡＩＤＭＡ、メルセデスベンツの戦略は？

というわけで、天橋立をＡＩＤＭＡの法則からみると、課題がいろいろありそうです。

ここで、もうひとつ、メルセデスベンツの例を挙げてみましょう。

こちらは、ブランド戦略に基づく宣伝広報効果が行き渡っていますから、Attention、Interest、Desireまでの流れはできていて、その結果、買いたい、欲しいという人は、結構いると思います。

でも、自分にはちょっともったいないかな、高いかなと思う人もいます。Desireまでは進んでいるのに、「高い」ということで、Motiveのところで、購入意欲があと一歩高まらない。だから、購入という、Actionまでいかない。

つまり、メルセデスベンツの場合、ボトルネックは、Motiveにあります。

そこで、Motiveを高めるために、メルセデスベンツがとった方法は、というと、支払いのハードルを下げることでした。低金利のローンの提案や、五年リースで五年後に買い上げることを前提に、その買い上げ価格を引いた価格で月払いにしてくれればよいといった支払い方法を提案していきました。それによって、欲しい！　という欲求を高めていったわけです。

SWOT分析で、強みと弱みに対するコンセンサスを持つ

ここまで、分解して考えるための基本的なツールを挙げてみました。次に、やや経営寄りの分析ツールの代表的なものを挙げてみます。

最初は、SWOT分析です。

Strength（強み）のS
Weakness（弱み）のW
Opportunity（機会）のO
Threat（脅威）のTで、SWOT。

これは内部環境から見て、自社の強み弱みはどこにあるか？　外部環境から見て、機会と脅威はどこにあるのか、この四つの切り口から自社の状況を検討するツールです。

	Opportunity（機会）	Threat（脅威）
Strength（強み）		
Weakness（弱み）		

分析とはいっているものの、単に、ものごとを分解しているだけですが、実際にやってみると、自社や事業部、あるいは特定の製品の状態が驚くほど見やすくなり、みんなで行うことにより、コンセンサスもとりやすくなることが分かります。

さらに、その「強み」をほんとうに生かして「機会」にしているか、「弱み」が「脅威」になってしまっていないかを、見ていくこともできます。さらに、ここに「重要度」を入れていき、追求すべき優先順位を決めていくこともできます。右の表に、あなたの会社のS、W、O、Tを書き込んでみてください。

ただ、この分析ツールを使う場合もそうですが、どこまで「具体的」に考えられるか、つまり、落とし込みながらやれるかがポイントで、そのためには、みんなで考えるときに、先に出てきた「なぜ？」「ほんとう？」「それから？」を繰り返すことです。論理的思考ができ、具体化できるコーディネーターがいれば最高です。

ＰＰＭで資源の配分の仕方を検討する

『ビジネスマンのための「発見力」養成講座』でもご紹介した、ＰＰＭ（プロダクト・ポートフォリオ・マネジメント　Products Portfolio Management）も、こうした分析ツールのひとつです。

こちらは、企業が限られた経営資源を、もっとも効率よく用いていくためには、製品や事業部ごとに、どのように配分していったらいいか、その組み合わせを考えるためのもので、一九六〇年代、ボストン・コンサルティング・グループによって考案されました。

縦軸に市場の成長率、横軸に競争力（マーケットシェア）をとる四象限のマトリクスで、

・市場の成長率は鈍化しているが、競争力は最大なのが「金のなる木」。追加投資なしにキャッシュフローを生みます。

・市場の成長とともに投資も行われ、ぐんぐんシェアを伸ばしているのが「スター」。

・市場の成長の割に、投資不足などで、シェアをとれていないのが「問題児」。

・市場も衰退したし、シェアもとれていないのが「負け犬」。撤退すべき製品・事業。

と分類できます。自社の製品をこのマトリクスにプロットし、資源の配分を考えるのです。

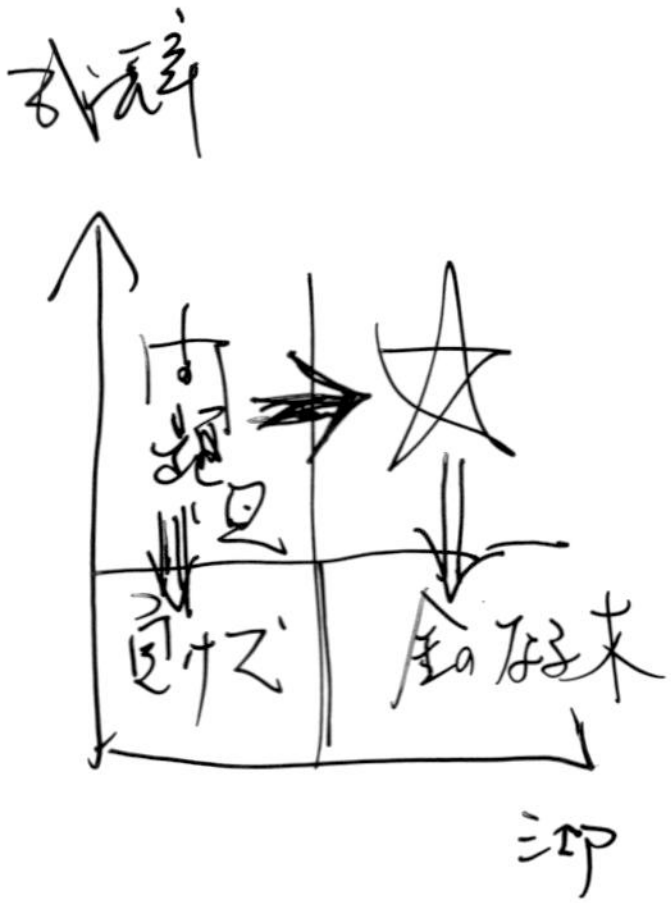
成長率
問題児
負け犬
金のなる木
シェア

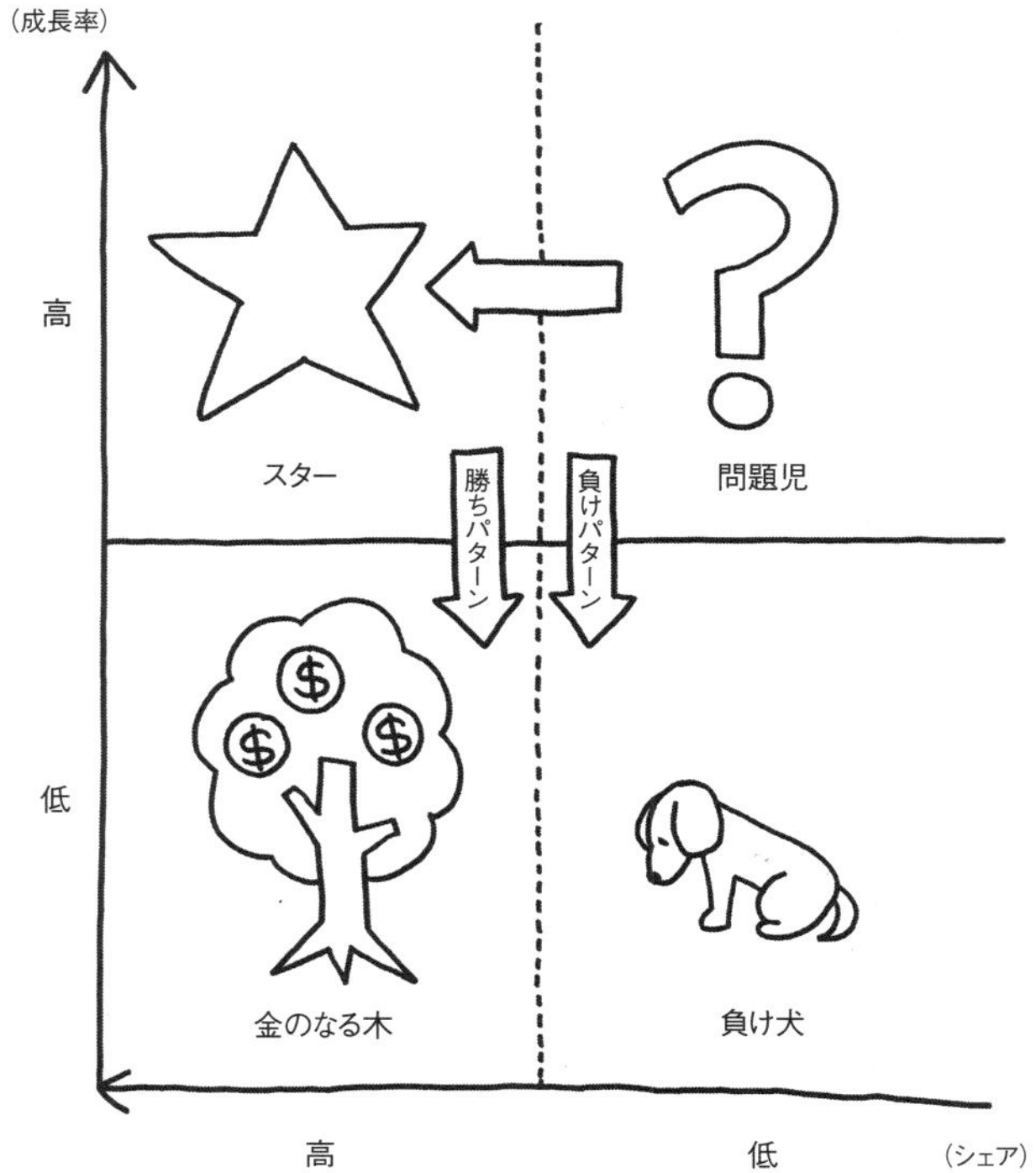

プロダクト・ポートフォリオ・マネジメント

「金のなる木」で得た収益を「問題児」に投資し、「スター」に育てるのが、原則とされます。

ABC分析のほんとうの使い方を知っていますか?

次に、ABC分析にいきましょう。

これは、たくさんあるものを優先順位を付けて管理していくために、**重要なものから順に並べ、A、B、C三つのグループに分けて分析する**ツールです。

売上げ順に、製品や取引先を並べて、全体の売上げの累積構成比で、上位八十%を占める商品や取引先をAグループ、八十～九十%までを占めるのをBグループ、残りをCグループとするなどの方法で、よく使われます。

たいていの場合、ここに、有名な「**八十―二十の法則**」が当てはまります。つまり、上位二十%の商品や取引先が、全体の売上げの八十%を占める、というものです。

でも、重要なのはここからです。

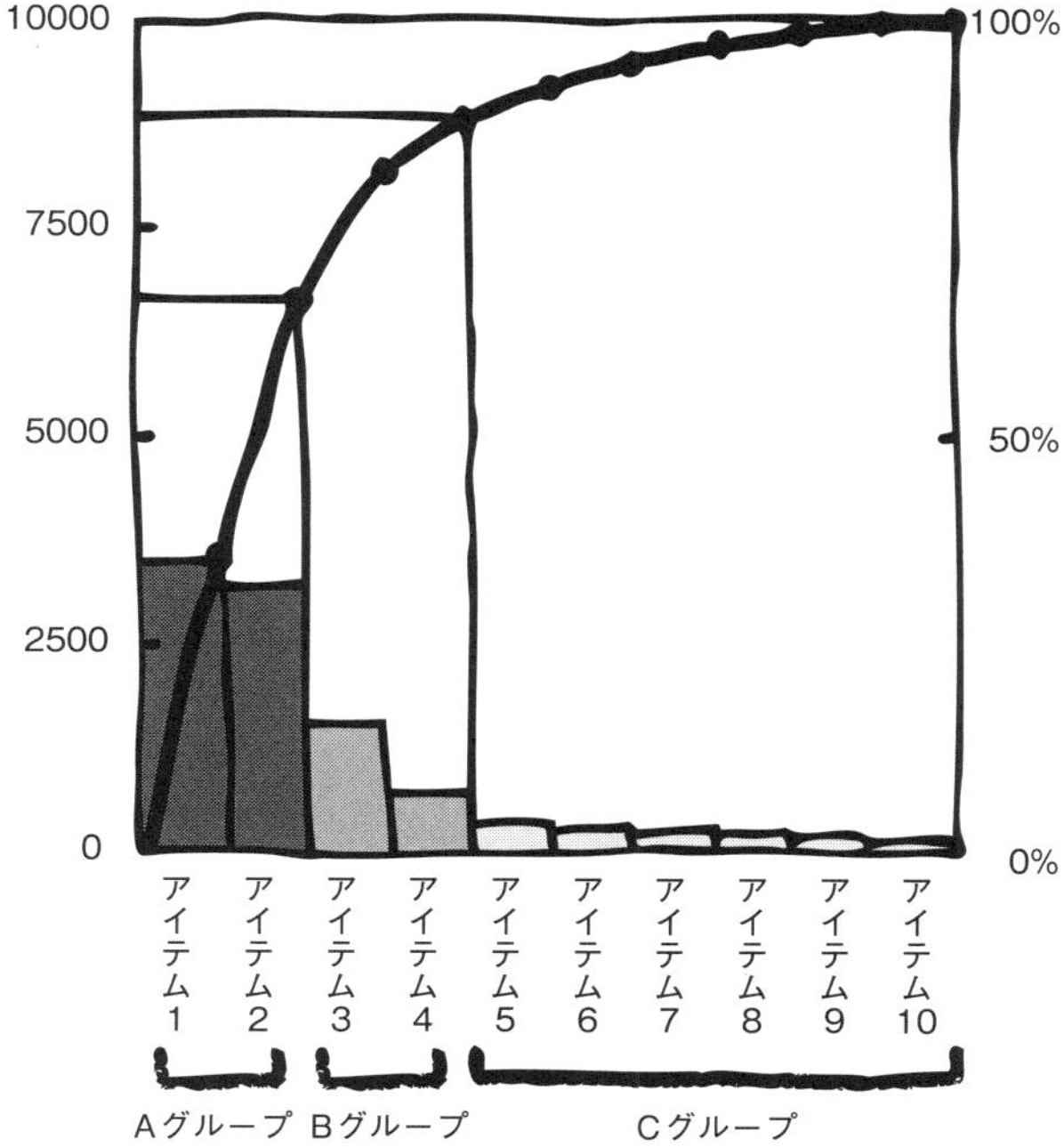
10000
7500
5000
2500
0
100%
50%
0%
アイテム1
アイテム2
アイテム3
アイテム4
アイテム5
アイテム6
アイテム7
アイテム8
アイテム9
アイテム10
Aグループ
Bグループ
Cグループ

だから、上位二十％の商品や取引先にのみ注力すればいい、下位の八十％に資源を無駄に使うべきではない、切り捨てましょう、と、経験の浅いコンサルタントや営業マンは、よくそう言います。

でも、こういうときに常に考えないといけないのは、**「売り逃しているものや取引先があるんじゃないか」**ということです。

つまり、現時点では、わが社にとって、Bグループ、Cグループの取引先でも、実は、先方が自分たちのところに予算を使ってくれていないだけではないか。Bグループ、Cグループの商品になっているのは、ただ、売るための十分な投資をしていないからではないか。

そんなふうに考えるべきだと、わたしはわたしのお客さまに話します。

だいたい、Aグループの取引先や商品というのは、えてしてすでに最大限の売上げを上げていて、それ以上シェアを伸ばしていくのは苦しい状態になっているものです。これに対して、BグループやCグループには、自社の占めているシェアが非常に低い取引先も少なくありません。要するに、踏み込む余地がまだたくさんあるわけです。

もちろん、取引先自身や商品自体の力もありますが、わたしの経験では、Bグループ、Cグループのなかに、潜在力の大きなお客さまが眠っていることが多いものです。もちろん、現在のAグループの取引先や商品の売上げも維持し、伸ばしていかなければなりませんが、それだけでは、この先の大きな成長は期待できません。

多くの人が誤解しているようですが、このように、本来、**ABC分析は、BとCのなかから、「売り逃し」を見つけるために用います。BとCを切り捨てるためのものではありません。**だれでも「売上げ」は知っていますが、「売り逃し」に目を向けられてこそ、プロの経営者であり、コンサルタントです。

もし、ただ順番に並べて構成比をとって、はい、下位八十%の商品は切り捨てましょう、その取引先に営業するのはやめましょう、などということでしたら、小学生でもできます。

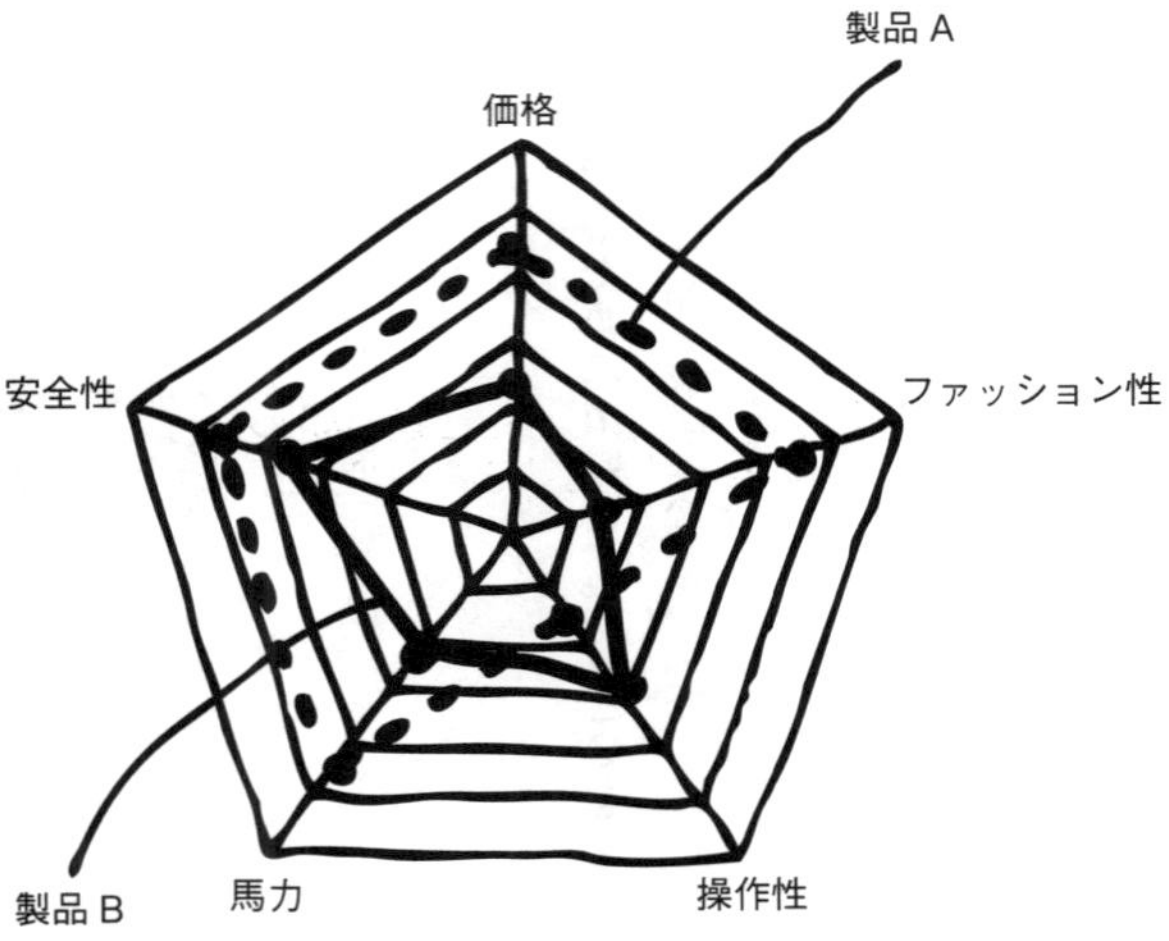
製品 A
価格
安全性
ファッション性
製品 B
馬力
操作性

レーダーチャートで、「見える化」する

個人の能力について、たとえば、科目ごとの模試の成績や、決断力、集中力、行動力、対人関係力などといった特性をいくつかの項目に分けて、五角形とか七角形のグラフにしたものを見たことがあると思います。あれをレーダーチャートといいます。**形の歪みによって、どこが強いか弱いか、ひとめで、対象となるものの状態を表す「見える化」のひとつです。**

たとえば、ある書籍の評価をレーダーチャートで表現してみるとします。売上げを決定すると思われる要因、たとえば、著者、テーマ、タイトル、読みやすさ、装丁、価格、宣伝広告について、それぞれ、七段階評価で評価します。そして、これをレーダーチャートに表現するわけです。

ただし、ただそれだけ書いても、問題解決には役立ちません。タイトルがよくなかった、だから、今度はタイトルをよくします、といっても何の意味もありません。

レーダーチャートが問題解決のツールとして役立つのは、比較対照群があるときです。

たとえば、同じ著者が別の出版社から出して自社より売れた本についても、同じように評価し、同じレーダーチャートに色を変えて書き込む。そして、どこが違っていたのか、を見るとき、このグラフは威力を発揮します。

レーダーチャートは、二つの商品を相対的に比較するもの(相対的レーダーチャート)と、絶対的な基準を決めてそれぞれの商品をその絶対値に比較して比べてみるもの（絶対的レーダーチャート）をつくると、より分かりやすい場合とがあります。

実際にやってみると分かりますが、客観的なデータが入手できない場合、たとえ主観的評価であったとしてもつくってみるべきです。結構、売れるボタンが何かが見えてきます。

ボトルネックを特定する

ツールとは少し違いますが、覚えておくと便利な問題解決の「共通言語」的なものがありますので、ご紹介します。それは、本書でもすでに使っている、「ボトルネック」という概念です。文字どおり、ビンのクビ、ものの流れを妨げている部分のことです。

わたしは、会議などでよく、「何がボトルネックなのですか？」という質問をします。

たとえば、「売上げが上がらない」という好ましくない現象、そう、ＵＤＥがあったときに、解決策を考えるには、そもそも売上げが上がるまでのフローのどこに原因があるかを見つけなければなりません。やみくもに、広告宣伝を増やしたり、営業マンを増やしてもよい結果とならず、むしろコストがアップするだけなのは、もうお分かりだと思います。来店者数を増やせばいいのか、それとも来店者数はたくさんいるけれども契約率が低いのか等々、ほんとうの原因を特定していくことが大切です。これを、「ボトルネックを特定する」という言い方をします。

「ほんとうの原因」と、どこが違うのかって？　違いはありません。ただ、**「ボトルネック」ということばを共通言語として持てば、みんなの共通の認識を得やすい**と考えます。そして、これは結構重要なことです。

実際にわたしが最近相談に乗ったケースでは、来店者数も契約率もそこそこある、それなのに、売上げが上がらない、何がボトルネックになっているのか？　というものでした。

それを調べるために、まず、先にご説明したロジカルツリーをつくって、売上げが上がらない理由を、来店者数、契約率などに分解し、次に、それぞれの具体的な数字を挙げて分析し、検討しました。その結果、そもそも一人あたりの単価が低いところに、原因があることが分かりました。つまり、ボトルネックは、単価（商品の価格設定）だったのです。でも、だからといって、単に価格を上げればいいというわけではありません。価格の問題は、商品力と比例していると考えられるからです。わたしが提案した解決策は、商品性の改善を行うことでした。それによって、単価アップを図ったわけです。

このようにボトルネックは、問題を分解して考え、必要なデータを収集し分析することによってはじめて、特定することができます。

重要なもうひとつのツール　ケーススタディ中級編

問題解決の「技」の最後は、次のケーススタディから考えてみましょう。

ケース❸

A社は、絵筆を生産販売しています。月産三万個の絵筆をつくっており、製造は自社工場で、販売は卸売会社を通じて、全国の文具店などに行っています。絵筆の卸売り単価は三百九十円です。製造原価は、原材料費などの変動費が二百円、固定費が人件費や工場の減価償却費などで、月に約二百四十万円かかっています。

A社は、最近社長が二代目に代わったのをきっかけに、カンパニー制度を導入し、製造カンパニーと販売カンパニーの二つに分け、それぞれのカンパニーに社内仕切り値を決めて、製造カンパニーから販売カンパニーへと「社内販売」を行うことにしました。

仕切り値は、従来の変動費に固定費を三万個で割った八十円（二百四十万円÷三万個）を足し、さらに、四十円の製造カンパニーの「利益」を足して、三百二十円と決まりました。それぞれのカンパニーのトップは、利益額で評価され、ボーナスもそれで決まることになりました。

新社長は、これで、製造カンパニーは、生産性の向上、製品の歩留まりアップやコスト削減をするインセンティブが働き、また、販売カンパニーは売上げを伸ばすと考えました。

思惑どおり、カンパニー制度導入後、製造カンパニーでは、生産性が向上し、一割の生産アップを続けています。しかし、販売需要は以前と同じで、在庫がどんどん溜まるということになっています。

そして製造カンパニーの利益は、当初の月額百二十万円から、約百四十二万円に増加したため、製造責任者のボーナスは上がるということになっています。

あなたは、社長として、この問題にどう対応すればよいでしょうか。

さて、これまで習ったどのツールが使えるか？

困りましたね。ごめんなさい。このケースを解決するには、今までお話ししたのとはまったく違うツール、すなわち、会計知識が必要なのです。最後の「ツール」の使用例として、ざっと解説しておきましょう。

まず、なぜ、製造カンパニーの利益が増えたか分かりますか？

それは、生産量を上げたからです。

では、それまで三万個つくっていたのを三万三千個つくるようになったら、なぜ、利益が増えるのでしょうか？

それは、製品一個にかかる「固定費」が下がるからです。それまで、八十円かかっていたのが、一個当たり、七十二・七円（二百四十万円÷三万三千個）に下がります。一割多くつくるわけですからね。

そうすると、一個当たりの製造原価が下がるので、仕切り値が同じなら、一個当たり利益が、七・三円分増える、つまり、合計では、その販売カンパニーへの販売分の三万個分だけ、製造カンパニーの利益が増えるということになります。

では、このような場合、どう問題を解決すればよいでしょうか？

このままでは在庫が溜まる一方です。

答えは、現在の、生産量に応じて、製造カンパニーの利益が変わる、つまり、一個当たりの固定費の配分が変わるというやり方を変えることです。

今までは、製造カンパニーは、つくればつくるだけ一個当たりの固定費が下がり、その結果、製造原価が下がっていたのですが、それを、固定費は製品ひとつずつに賦課せず、「期間費用」として、すべてその期の製造カンパニーの費用とする、とすれば問題解決します。

ちょっと、この方法で計算してみましょうか。製造カンパニーの売上高は、販売カンパニーへ売った三万個分の九百六十万円（三百二十円×三万個）です。そこから、変動費の六百万円を引き、固定費全額の二百四十万円を引けば、製造カンパニーの利益は、百二十万円となります。つまり、生産量にかかわらず固定費を期間費用としてすべて引いてしまうというやり方をすればよいのです。

実は、この計算方法を「直接原価計算」と言います。管理会計の概念です。固定費を商品一つひとつに配賦すると、在庫となった分に固定費が「残る」かたちになるのを防ぐために考え出された考え方で、別に、わたしが考え出したものではありません。一般的に使われる、財務会計上の利益計算では、売れる、売れないにかかわらず多くつくったほうが、単価が下がり、その分、原価が下がります（これを「全部原価計算」といいます）が、その考え方を補正するのが直接原価計算なのです。

会計と経済の基礎を知る

ツールのお話の最後に、この話を持ってきたのにはわけがあります。ここまでお話ししたUDEやSWOTといったツールも、分解してものを考えやすくする重要なツールなのですが、それだけで解決するような問題と、さらに、会計知識や経済の基礎知識を知らないと解決できない問題があるということを認識していただきたかったのです。

ビジネススクール（経営大学院）では、会計学の基本や経済学の基礎を必ず教えます。それは、それらの基礎知識が、経営を行っていくうえで必須の「ツール」だからなのです。ほんとうのビジネスの場で、多くの問題を解決するには、分解ツールに加えて、やはり、会計学や経済学のフレームワーク（枠組み）を知る必要があります。

ですから、読者のみなさんは、どうか、解決ツールとして、会計学や経済学の基礎を学んでください。入門書なら数時間で読めます。それが、ビジネスの場で、いざというときのみなさんの解決力を決定する要因になるかもしれません。

なお、ここで出た財務会計や管理会計の基本的フレームワークを勉強したい方は、拙著『「１秒！」で財務諸表を読む方法』（東洋経済新報社）を、経済や会計の基礎知識、数字の読み方を知るには、この本の姉妹書『ビジネスマンのための「数字力」養成講座』（ディスカヴァー）をお読みください。

この章のまとめ

1 基本の分解ツール、マーケティングの5Pと4C、QPS。
2 意外に使えるマーケティングのAIDMA。
3 SWOT分析は、コンセンサスを持つために用いる。
4 PPMで資源の配分の仕方を検討する。
5 ABC分析はBとCの売り逃しに注目する。
6 レーダーチャートは比較に用いる。
7 ボトルネックを特定する。
8 会計と経済の基礎を知る。

第7章

問題解決を妨げるもの 解決力を高める習慣

問題解決を妨げるもの❶　思考の停止

ここまでお読みになられた読者の方は、かなり解決力がアップしていると思います。さあ、最後の章をおつき合いください。

これまでお話ししてきたように、問題解決とは、多くの現象のなかから問題を特定し、さらに、そのなかから根本問題を見いだし、その本質的な原因に迫っていくことでもあります。さらには、そうして浮かび上がってきた原因の中から、対応可能な事柄を見いだし、その対応策を見つけ出していくことです。たいていの場合、どんなに複雑で、困難に見える問題でも、それを分解し、根本問題が分かると、打つ手はいろいろと見えてきます。

ところが、多くの場合、根本問題に到達する前に、表面的な現象に左右されて、対処療法に終わってしまう、あるいは、ほんとうの原因を知ることなく、表面的な障害の前であきらめてしまうことが少なくありません。それが、問題解決ができない大きな理由です。

なぜか？

その最大の理由は、わたしたちが根本問題へと至る前に、「**思考停止状態**」に陥ってしまうからです。

そんなことはない、わたしはよく考えている、よく分かっている、とおっしゃるでしょう。でも、次のページの図をご覧ください（『ビジネスマンのための「発見力」養成講座』に掲載したものですが、もう一度、使わせていただきます）。

ものごとにはレベルがあって、二段階、三段階、四段階、五段階と、いくらでも下に掘り下げていくことができます。一段階目や二段階目あたりで、**すべて分かったつもりになってしまっている人**、あなたの周りにもいませんか？

それは、それより奥の世界があることを知らないからです。これが、いわゆる『バカの壁』です。わたしたちの問題解決を妨げる大きな壁です。

では、どうすればいいのでしょう？

この壁は、とても強靱ですが、破る方法があります。それが、何度も登場する、**「なぜ？」「ほんとう？」「それから？」**の三つのキーワードです。

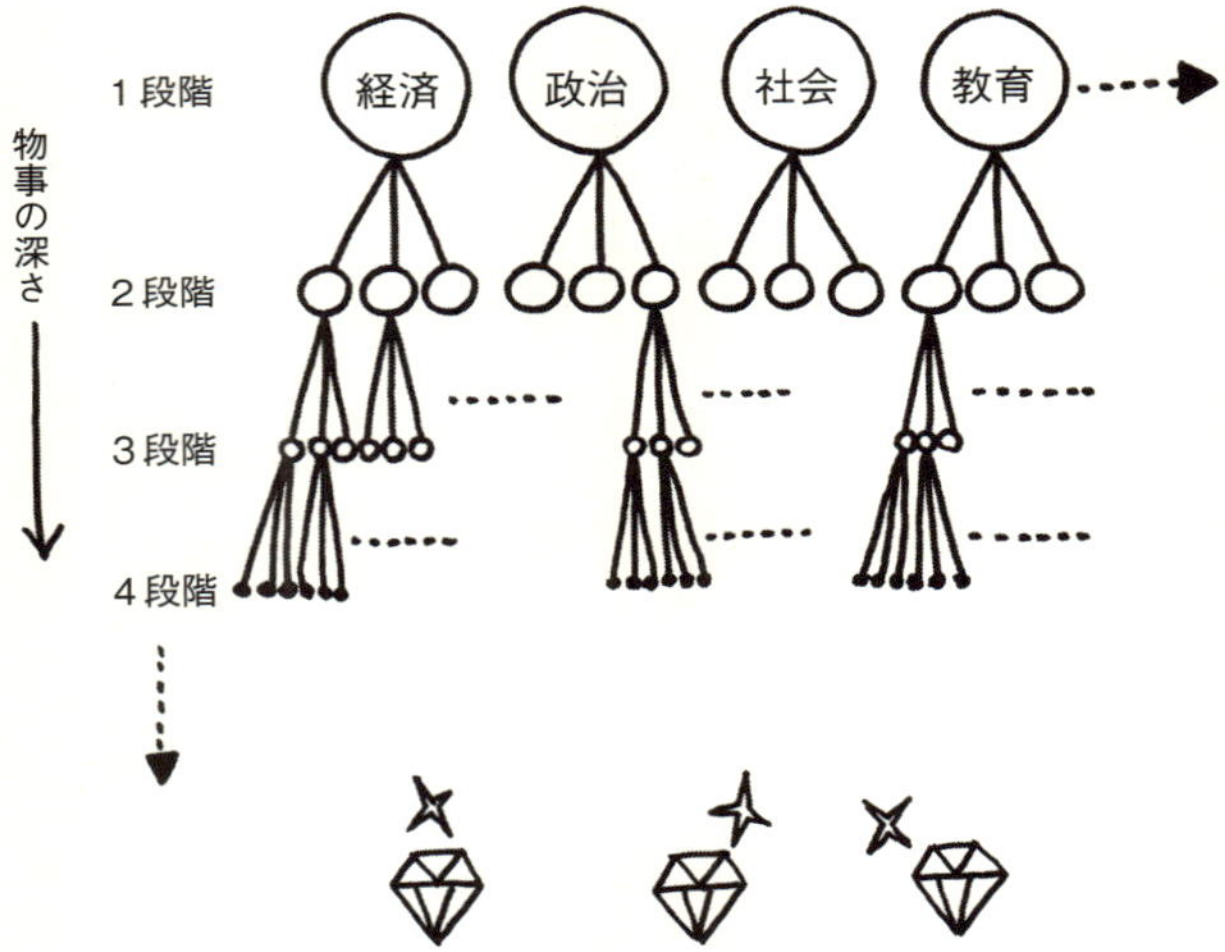

ものは深く見れば見るほど、
まだ見えていないものがあることに気づく

会議などで、だれかが何か理屈を言う、そうしたら、すかさず、「なぜ?」と尋ねる。すると、また何か言う。そうしたら、「ほんとう?」と聞く。すると、また答えるので、今度は、「それから?」

この「なぜ?」「ほんとう?」「それから?」を繰り返しているうちに、本人も自分の考えについて、「なぜ?」「ほんとう?」「それから?」と考えられるようになります。これは訓練で、繰り返し行ううちに、深く考える力(=論理的思考力)が身につくようになります(ただし、熱心さの度合いなどにより、人によって程度の違いはありますが)。

問題解決を妨げるもの❷　時間不足

もし、もう少し時間があって、もう少しデータを集めることができれば、成功確率を高め失敗確率を下げることができたのに、ということがよくあると思います。時間不足もまた、問題解決を妨げる要因です。

たとえば、万国博覧会にパビリオンを出すかどうか?　というようなことも、申し込みの期限がある以上、いくら莫大な投資になるといっても、十分な調査をする時間はありません。たいてい見切り発車で決定します。これも、時間不足が問題解決を妨げる例です。ところが、十分時間がありながら、調査もせず、プロジェクト計画書を立てることもなく、ただただギリギリまで決断を遅らせた末に、とうとう最後のところまできてしまって、結局、エイヤのポンで決めてしまうということが、現実にはよく起こっています。そして、たいてい失敗します。

理想的には、問題が発覚したときからすぐさま責任者を決めて、いつまでに何をするかというプロジェクト計画をつくることなのですが、以前の章でもお話ししたように、実際には、時間が敵になることがある一方で、時間が味方になる、つまり、ゆっくりと対応することによって、結果として救われることもありますから、その見極めは、実は非常にむずかしいものです。その場合でも、事前の計画が必要なことはいうまでもありません。

問題解決を妨げるもの❸　経験不足

経験がなくても、問題解決のツールを使うことはできます。けれども、ABC分析の例でもお話ししたように、ただ、問題解決の方法を机上で学んだだけでは、そのツールを使って、ほんとうは何を見ないといけないかというところが分かりません（ＡＢＣ分析では「売り逃し」も見なければならないのでしたね）。

何がポイントかが分からなければ、問題は解決しません。それどころか、かえって事態を誤った方向に導いてしまうこともあります。人生と同様、実践の場を積んだ経験者やシニアから学ぶところが大きいものです。

問題解決を妨げるもの❹　経験・常識によるバイアス

ところが、一方で、その経験がバイアスとなって、解決を妨げることもあるからやっかいです。しかも、成功経験のある人ほど、その傾向が強い。このやり方でこれまで解決してきた、以前はうまくいった……でも、そのときとは、人も違えば、環境も違います。今度もまた、うまくいくかどうかは分かりません。自信とバイアスは、紙一重です。

では、どうするか？　やはり、**ゼロベース**で考えるという思考法を持っていることだと思います。もっと言うと、素直じゃないとダメだということです。「絶対」はありません。これは、経営者であっても同じです。

問題解決を妨げるもの❺ 権威・肩書き

いま、経営者であっても素直でなければいけない、と申し上げたところで、解決を妨げるもうひとつの要因として、権威と肩書きを挙げておきましょう。やはり社長には逆らえませんから、せっかく社員が最良の解決策を出していても、社長がひとこと、「いや、それ、違うんじゃない」と言ったら、それまでです。ほんとうにやっぱり違うかと思ってしまったりもします。権威は人を動かすのです。いい意味でも悪い意味でも。

問題解決を妨げるもの❻ 事なかれ主義

会社に、「社長が言うことをやっておいたほうが無難だ」という空気が充満している場合、その「事なかれ主義」が、問題解決を妨げます。社長の反対を押し切ってやらせてもらっても、それが失敗すると格下げになるような社風の会社だとすると、ほとんど、問題解決は期待できませんね。

もし、肩書きで、ものごとが解決するなら、社長が全部解決できるはずです。でも、そんなことはない。そういうことです。

＊＊＊

では次に、解決力を高めるための習慣をいくつか挙げておきましょう。

解決力を高める習慣①「なぜ？」「ほんとう？」「それから？」

先ほど、問題解決を妨げるもの❶の「思考の停止」のところで挙げた図（一九六ページ）をもう一度ご覧ください。第一章でもご紹介したロジカルツリーに似ていませんか？

ロジカルツリーとは、文字どおり論理の木。つまり、この、「なぜ？」「ほんとう？」「それから？」を繰り返し、二段階目、三段階目、四段階目と深堀りしていく過程というのは、実は、論理的思考力を高めていくプロセスでもあります。

そして、この論理思考力を鍛えていくことこそ、解決力を高めていくうえで、いちばん大切なことです。

ところで、論理的思考力とよく対比されるのが「ひらめき」で、これまた、問題解決に欠かせません。ときどき、「わたしは、論理的思考は得意だけれど、ひらめきが苦手で」という人がいますが、正確に言うと、「ひらめき」というのもまた、論理的思考力の土台の上でこそ、起こります。もし、ひらめきがないとしたら、申し訳ないけれど、論理的思考力のほうも足りないのだとわたしは思っています。

思うに、「ひらめき」というのは、頭のなかにある棚が開くことではないでしょうか。わたしたちの頭のなかには棚がいっぱいあって、何か刺激があるとそのうちのどこかの棚が開く。それが、「ひらめき」です。「ひらめき」には、関心の幅を広げておくことが必要なのですが、その関心の幅を広げるというのが、棚をたくさん持っているということなのです。

すると、何かインプット（＝外からの刺激）があると、どこかの棚が開いて、以前インプットしたものがアウトプットとして出てきます。意外な棚が開いて、かつ、そこから解決に役立つ情報が出てくると――「ひらめき」の瞬間です。

実際、とうてい無理だと思われた問題が、どこかの棚が開いて一発で解決することだってありえるわけです。

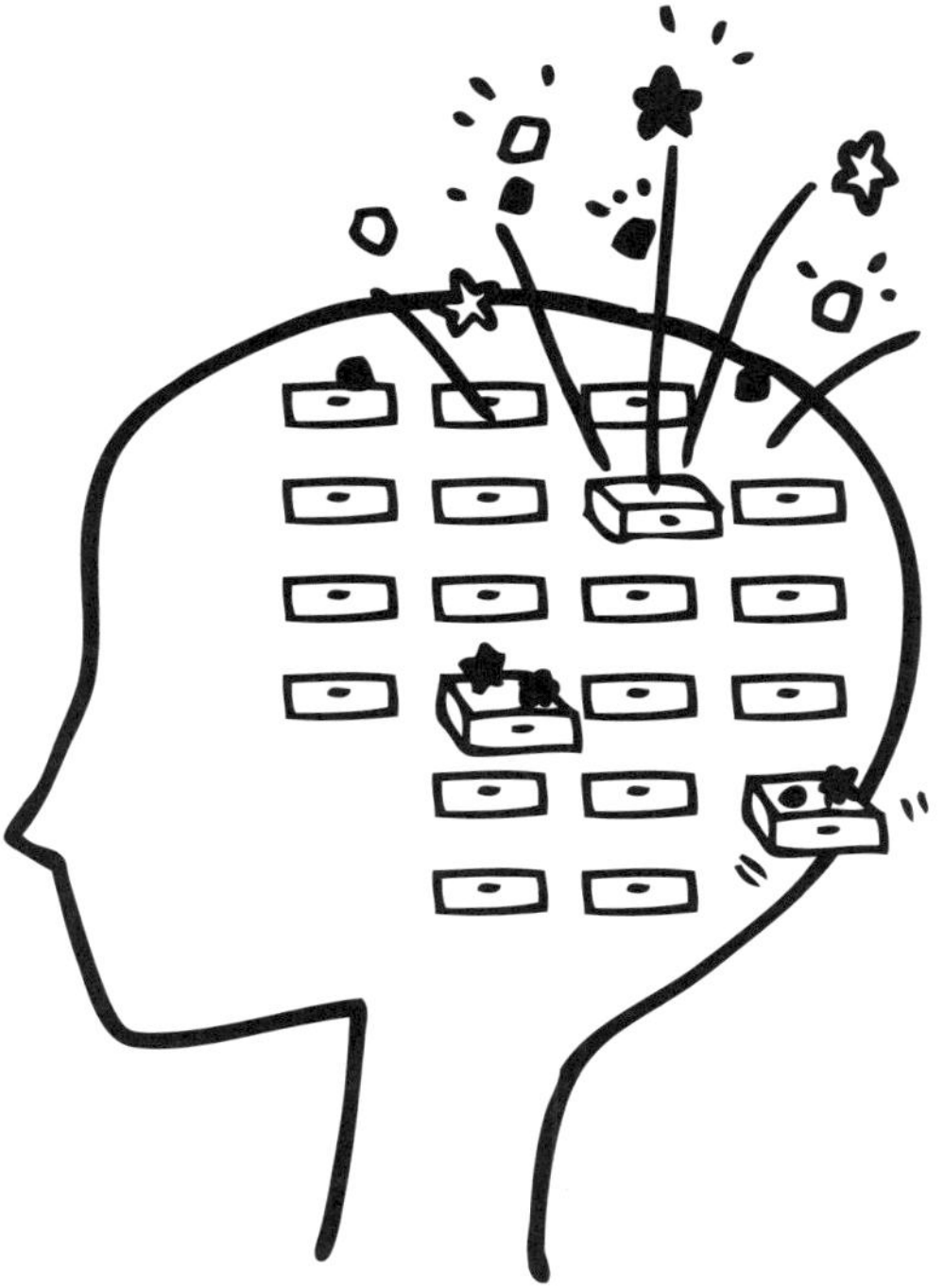

では、棚を開かせるにはどうしたらいいか？

たしかなことは、まず棚がなければどうにもならない。さらに、棚があってもその棚のなかに何も入っていなければ、棚を開いても何も出てこないということです。関心を持って棚を増やし、そしてその棚のなかに、日頃からインプットを続けていることが大事です。それには、関心の幅を広げ、水平方向にインプットしていくと同時に、垂直方向に二段階目、三段階目、四段階目と増やしていく必要があります。

つまり、論理的思考力です。「ひらめき」もまた、論理的思考力を高めることによって、生まれやすくなるのです。

解決力を高める習慣② 常識を働かせる

思いがけない棚を開けようと、いろいろなアイデアを出していく過程では、当然、あまりにも常識からかけ離れたことも出てきます。たとえば、旅行代理店の企画担当者が月旅行を企画すればお客さんは集まりますと言ったところで、現実には当分の間、無理です。ある程度、常識に落とし込んでいかないと、解決はむずかしい。

問題解決を妨げるもの❹として、「常識」を挙げましたが、「常識を働かせる」ことが解決にとても役に立つこともあるのです。

ただ、この場合の「常識」が、あなたと同世代の人たちだけの常識、あなたの会社の常識、業界のなかだけのものとなると、その弊害のほうが大きくなる場合も少なくありません。会社の常識は社会の非常識ということも多いからです（「会社」という字は「社会」の反対です！）。日本の常識は、中国の常識でない場合もあるかもしれないし、イスラムの常識でない場合もあります。

イスラムといえば、イスラムの常識には、「金利」という概念はありません。イスラムの世界では、金利をとってはいけないことになっているのです。

かつて、イスラム諸国は貧しかったのでそれでもよかったのですが、いまは、潤沢なオイルマネーを持つイスラム諸国で、世界各国の銀行が、融資なども行いたいと思っています。

でも金利という概念がない、欧米の常識は通用しない。それで、いまはリース取引を介して金融を行っています。ものを借りるのはかまわないので、金利に近いものをやり取りできる仕組みをつくって取引しているわけです。

出版業界の「常識」はこうだ、でも、コンビニ業界の「常識」はこうだ、アメリカの出版業界の「常識」はこうだと、さまざまな「常識」を知っていることが問題解決に役立つというケースは、珍しくありません。

解決力を高める習慣③　常識を疑う

ただし、ときには常識を疑うこともやはり必要です。特に、世代や年齢から来る「常識」は、別の世代に向けての商品開発を妨げることがよくあります。

先日も、ある会社の会議で、三十代の社員の方が、十代後半向けの商品なのでミクシィを使ってプロモーションしたらどうですかと提案しましたら、たまたま研修で参加していた新卒の新入社員の方から、もうミクシィの時代ではありません、「モバゲー（携帯電話向けのポータルサイト）」のコミュニティに出したほうがいいと思います、と言われてしまって、みんなあっけにとられてしまいました。

わたし自身、最初三十代の社員の方が「ミクシィ」と言った瞬間、「すごいなあ」と思っていたので、それが「もう古い」と聞いて、さらに驚きました。で、「そのプロジェクトは、この子たちに任せたほうがいいですよ」と提案しました。実際、ミクシィを使っていたら、お金をかけてもヒットしなかったと思います。

こんなふうに、自分たちの常識がすでに通用しなくなっていることは常に起こります。だから、常に、常識を疑ってゼロベースでもう一回考えることが必要です。

いま挙げた例の場合も、たとえ三十代でも五十代でも、その気になって調べれば、分かったはずです。でも、ミクシィだろうという常識が、調べるという作業自体を邪魔したわけです。五十代のおじさんたちはおじさんたちで、ミクシィも使っていないから、「へえ、ミクシィか、すごいな。やっぱり若い人たちの意見は聞くべきだ」などと思って、やっぱり調べない。常識が邪魔をするわけです。

解決力を高める習慣④　常に考える

ニュートンはリンゴが木から落ちるのを見て、突然、万有引力を思いついたように思われているかもしれませんが、その前提として、ずっと何年も何年も、常にそのことばかり考え続けていたといいます。それがあったからこそ、リンゴが落ちるのを見てひらめいた。

同様に、経営者なら、会社のさまざまな課題のことをいつもいつも考えているはずです。優秀な社員なら、自分の仕事のことを、常に考えているはずです。わたしも、クライアントさんのさまざまな課題を常に考えています。

だからこそ、読んでいる本のなかから求めていたヒントが得られたり、新聞の記事がぱっと目に飛び込んできたり、人の話に、「そうか！」と大きく気づいたりするわけです。


わたしの場合でしたら、お客さまから会社の資金調達や資産運用について相談されることも多いため、金融に関する情報にはことのほか敏感です（詳しくは、『ビジネスマンのための「数字力」養成講座』に書きました）。

たとえば、会社の年金基金の運用のポートフォリオをどうすればよいかという質問を受けたら、そのことを時間が許す限りずっと考えます。いつも考えていると、新聞や雑誌、ネットの情報が目に飛び込んできます。さらに考えて、たとえば、信託会社が出してきたポートフォリオ案について、「いや、日本国債の比率を高めてもうちょっとリスクを抑えたほうがいいんじゃないんですか」というような結論を出すわけです。

もちろん、これは、資産運用だけでなく、M&Aのご相談であっても、だれを次期社長にすればよいかというようなご相談でも同じです。常に考える、これです。

常に考え続けてから、答えを出す、言い方を替えれば、常に考えているから答えが出るのだと思います。もし、あなたが上司だったら、部下の人にも常に課題を与えて、考え続けさせる、ただ考えるのでなく、深く考える環境を与えることも重要です。

解決力を高める習慣⑤　価値観に基づく直感

そして最後は、直感です。データを集めて分析し、考え抜き、ある程度までできたら、もう直感です。好きか嫌いか、やりたいかやりたくないかです。

ディシジョンツリーをつくって、こちらの方法をとった場合は、確率八十％でアップサイドが二十億円の儲け、でも二十％の確率でダウンサイドはマイナス十億円。別の方法をとれば、七十％の確率でアップサイドは三十億円だが、三十％でダウンサイドが二十億円。

さて、どちらにしようか？

できる限りデータを収集し検証したうえで、最後は、エンヤコラ。やっぱり直感で決めるしかありません。だって、百パーセント確実だと分かることなら、問題でもなんでもないわけですから。最後に、どちらをとるかを決めるのは、直感です。

ただし、ここで大事なのは、**その直感の前提としての価値観です**。儲かりさえすればいいという価値観なのか、自社の製品やサービスを通じて社会にも貢献しようという価値観なのか。さらに、宗教観もあるかもしれません。

そういう考え方、思想のベースを持たないで、単にロジックだけで決めようとすると、すべてがお金だけ、お金が唯一の価値観になってしまいます。それでいいのか、それがあなたの望む生き方なのか、仕事なのか、ということです。

問題解決の根本的なところ、つまり、何をやるかやらないかは、結局、あなた自身の価値観だということです。技とともに、ご自身の価値観も磨いてください。

この章のまとめ

問題解決を妨げるもの

1 思考の停止
2 時間不足
3 経験不足
4 経験・常識によるバイアス
5 権威・肩書き
6 事なかれ主義

解決力を高める習慣

1 「なぜ？」「ほんとう？」「それから？」
2 常識を働かせる
3 常識を疑う
4 常に考える
5 価値観に基づく直感

あとがき

ここまで本書をお読みいただいた方は、かなりの「解決力」が身についたと思います。もっともっと書きたいことはたくさんあります。わたしの仕事は問題解決だからです。でも、このあたりで終わりにしておきましょう。ここまでのことを理解いただければ、十分だと思うからです。

最後に少しだけ、付け加えておきます。ひとつは「価値観」です。本文の最後でも少し触れましたが、ものごとを判断する最終的な判断要素は価値観です。ですから、「正しい」価値観を養うことを心がけていただきたいと思います。中国の古典を読んだり、多くの人の話を聞くなどして、普遍的な価値観、考え方を養うことです。それなくして、問題解決、

新しいブックファースト、続々オープン!!

SHIBUYA
192坪
Now Open!
渋谷文化村通り店
渋谷第一勧銀共同ビル B2~B1F

KYOTO
410坪
Now Open!
京都店
コトクロス阪急河原町 3~6F

AKIBA
260坪
4.17 OPEN!
秋葉原店
アキバ・トリム 4F

NISHINOMIYA
140坪
4.21 OPEN!
エビスタ西宮店
エビスタ西宮 1F

GOTANDA
198坪
4.23 OPEN!
レミィ五反田店
レミィ五反田 7F

SHINJUKU
1,090坪
2008. 11 OPEN!
新宿店
モード学園コクーンタワー B2~1F
(JR新宿駅西口)

NISHINOMIYA
470坪
2008. 秋 OPEN!
西宮ガーデンズ店
阪急西宮ガーデンズ 4F

特に重要な局面での問題解決はできません。昔、松下幸之助さんは、経営者には「人間観」が必要とおっしゃっていましたが、人に対する正しい考え方を持たずに、重要な意思決定を間違わずに行うことはできません。

「解決力」は手段です。もちろん、問題を解決する手段ですが、先に出版した『ビジネスマンのための「発見力」養成講座』や『同「数字力」養成講座』同様、読者のみなさんが、ビジネスの力を上げるための手段です。そして、さらに言えば、「幸せ」になるための手段、道具なのです。

その道具を使って、現実の問題をたくさん解決してください。仕事でもプライベートでも、たくさん問題が起こります。その問題を、ここで学んだことを使って解決してください。でも、本文でも書きましたが、問題を芽のうちに摘んで、問題が大きくならないのがいちばんです。問題解決は華々しいですが、実は、何もなく平穏なのがいちばんです。問題解決に使う時間や労力を、才能を伸ばしたり、好きなことをする時間に使えます。

ただ、それでもやはり、問題は起こります。そうしたときに、本書で学んだことを活かして、みなさまが少しでもより幸せになれれば、著者としてこれ以上の喜びはありません。

本書作成にあたり、前著同様、貴重なアドバイスやサジェスチョンをいただいたディスカヴァー・トゥエンティワンの干場弓子社長に、この場を借りて心よりお礼申し上げます。彼女がいなければ、これだけの内容の本にはならなかったことは間違いありません。

二〇〇八年　初夏

小宮一慶

ディスカヴァー携書　025

ビジネスマンのための「解決力」養成講座

発行日　2008年 6 月15日　第1刷

Author　小宮一慶

Book Designer　遠藤陽一(DESIGNWORKSHOP JIN, Inc.)
長坂勇司(フォーマット)

Illustrator　ムーブ(本文図版)

Publication　株式会社ディスカヴァー・トゥエンティワン
〒102-0075　東京都千代田区三番町8-1
TEL　03-3237-8321(代表)
FAX　03-3237-8323　http://www.d21.co.jp

Publisher　干場弓子

Editor　干場弓子+石橋和佳

Promotion Group
staff　小田孝文　中澤泰宏　片平美恵子　井筒浩　千葉潤子
早川悦代　飯田智樹　佐藤昌幸　横山勇　鈴木隆弘
山中麻吏　吉井千晴　山本祥子　空閑なつか
猪狩七恵　山口菜摘美

assistant staff　俵敬子　町田加奈子　丸山香織　小林里美　冨田久美子
井澤徳子　大薗奈穂子　古後利佳　藤井多穂子　片瀬真由美
藤井かおり　三上尚美　福岡理恵　長谷川希

Operation Group
staff　吉澤道子　小嶋正美　小関勝則

assistant staff　竹内恵子　畑山祐子　熊谷芳美　清水有基栄
鈴木一美　田中由仁子　榛葉菜美

Creative Group
staff　藤田浩芳　千葉正幸　原典宏　橋詰悠子　三谷祐一
大山聡子　田中亜紀　谷口奈緒美　大竹朝子

Proofreader　文字工房燦光

Printing　共同印刷株式会社

ISBN978-4-88759-640-5